Abtprimas Notker Wolf

JETZT ist die Zeit für den Wandel

Abtprimas Notker Wolf
mit Alfons Kifmann

JETZT ist die Zeit für den Wandel

Nachhaltig leben –
für eine gute Zukunft

FREIBURG · BASEL · WIEN

MIX
Papier aus verantwor-
tungsvollen Quellen
FSC® C106847

© Verlag Herder GmbH, Freiburg im Breisgau 2012
Alle Rechte vorbehalten
www.herder.de

Satz: Barbara Herrmann, Freiburg
Herstellung: fgb · freiburger graphische betriebe
www.fgb.de

Printed in Germany

ISBN 978-3-451-32454-3

Inhalt

Vorwort 9

1 **Darum geht es** 13
Der „Club of Rome" und seine Impulse 13 –
Nachhaltig leben heißt verantwortlich
handeln 16 – Wir haben die Freiheit der Verantwortung für das Paradies oder die Hölle auf
Erden 19 – Soziale Gerechtigkeit? Wir leben
gut – auf Kosten der Armen 21

2 **Woran unsere Welt leidet** 23
Armut und Hunger, die Schande unserer
Zeit 23 – Sie sind unsere Schwestern und Brü-
der! 31 – Wem gehört das Land? 41 – Sind
Megacities unsere Zukunft? 46

3 **Es gibt kein „Weiter so"** 51
Der Abgrund, vor dem wir stehen 51 –
Der Edelmüll eines krankhaften Konsum-
zwangs 54 – Mobil sein – ohne Reue 57 –
Energie sparen und intelligenter nutzen 61 –
In die Zukunft bauen 66 – Recycling im Kleinen
wie im Großen – jeder kann mitmachen 69

4 Freie Menschen oder Konsumsklaven? 73
Wollen wir wirklich wie die Lemminge
sein? 73 – Wenn Medienkonsum lebensfeind-
lich wird 77 – Antreiber oder Getriebene?
Was brauchen wir wirklich zu einem guten Le-
ben? 83 – Essen wir unseren Planeten auf? 87 –
Veränderung und Widerstand: Wenn die
Bedürfnisse sich verselbständigen 91

5 Unsere Verantwortung aus Freiheit 95
Zeitenwandel: Vom schnellen zum nachhaltigen
Konsum 95 – In den dauerhaftesten Beziehun-
gen wachsen beide Partner 99 – Sucht und
Umkehr – wir können uns überwinden 102 –
Woran unser Gesundheitssystem krankt 106 –
Sport, Spiel und Musik – gesund für Leib und
Seele 112 – Unsere Verantwortung: Was wir der
folgenden Generation schuldig sind 115

6 Forderungen an eine neue Gesellschaft 119
Unser Bildungssystem bedarf dringend einer
Reform 119 – Gebraucht werden – oder Gutes
tun? 129 – Nachhaltig leben im Alter 133

7 Was die Wirtschaft leisten muss 137
Die Finanzkrise ist eine Krise des Vertrauens auf
unser Wirtschaftssystem 137 – Freiheit, Würde
und Verantwortung: Wie viel Ethik braucht unser Wirtschaftssystem? 139 – Unternehmen mit
Fundament 151 – Führen oder managen – eine
ethische Betrachtung 154

8 Wie wir die Umkehr schaffen können 159
Formeln für Nachhaltigkeit 159 – Los-lassen
und Los-gelassen sein 162 – Ruhe statt Stress:
Wie wir ein inneres Tempolimit finden 165

9 Wege in eine nachhaltige Zukunft 171
Ökosozial oder marktradikal? Wege in eine
nachhaltige Zukunft 171 – Der persönliche Ansatz: Einfacher leben – Ballast abwerfen 179 –
Der spirituelle Ansatz: Wir werden lernen
müssen, zu teilen 184 – Zufriedensein macht
glücklich 191 – Nachhaltigkeit als Lebenskunst 194

Quellennachweis 197

Vorwort

Wir selbst haben es in der Hand ...

Wir leben in Frieden. Wir leben in Wohlstand. Und wir stehen an einem Scheideweg.

Wir stehen vor der Entscheidung, ob wir, bildhaft gesprochen, auf einer Autobahn weiterrasen, die zur Zerstörung unserer Lebensgrundlagen führt, oder an der nächsten Ausfahrt rechts abbiegen, umkehren und unseren Lebensstil gründlich überdenken und wieder ins Lot bringen.

Ich möchte weder schwarzmalen noch eine Weltuntergangsstimmung erzeugen, aber wir können nicht mehr von den Problemen einer zweigeteilten, ungerechten Welt, des reichen Nordens und des armen Südens wegsehen. Wir müssen uns der Tatsache stellen, dass wir selbst einen Großteil der Probleme geschaffen haben, vor denen wir jetzt stehen. Dass wir selbst die Ursache der Zerstörung sind.

Wir haben in einer Generation von fünfzig, sechzig Jahren, einer minimalen Zeitspanne für unseren Planeten, diese Welt in eine Schieflage geführt. Durch einen maßlosen Lebensstil, der rücksichtslos die Ressourcen ausbeutet, der handelt, als gäbe es kein Morgen.

Wir, die reichen Industrienationen der nördlichen Hemisphäre, haben uns in dieser Zeit in einer unvorstellbaren Weise verschuldet, Wechsel auf die Zukunft ausgestellt, die wir selbst nicht mehr verantworten müssen.

Viele Nationen, auch die USA, auch wir Deutsche, leben seit Jahren am Rande des Staatsbankrotts, und wir feiern dabei. Wir hinterlassen der nächsten Generation eine Schuldenlast, die sie nicht tragen kann. Wie soll es nach uns weitergehen?

Nein, wir können nichts mehr einfach an die Zukunft delegieren. Wir müssen die Verantwortung jetzt selbst übernehmen. Wir, unsere jetzige Generation, muss jetzt aufstehen und dafür einstehen. Es ist wie ein Gesetz: Wir müssen selbst und freiwillig handeln, bevor uns die Möglichkeit selbstbestimmten Handelns genommen wird und wir nur noch reagieren können auf das, was wir angerichtet bzw. nicht verhindert haben. Die chinesische Regierung, so war neulich zu lesen, plane ernsthaft, den Individualverkehr in den Städten radikal zu regulieren. Große Autos mit Verbrennungsmotoren sollen aus den Städten verbannt und durch Kleinwagen mit Elektromotoren ersetzt werden. In einem dirigistischen Staat wie in China wäre das möglich, aber auch bei uns?

Dieses Buch will dazu beitragen, das Bewusstsein für solche Fragen zu schärfen. Mit einer Beschreibung und Analyse unseres Status quo, des Jetzt-Zustandes, aber auch mit Denkmodellen für unseren weiteren Weg. Ich bin kein Pessimist und will kein Menetekel an die Wand malen, aber ich bin auch sicher: Wir haben keine Zeit mehr zu verlieren.

Wir treffen die Entscheidungen über unsere Zukunft jetzt, heute.

Beim Vorbereiten und Schreiben dieses Buches ist mir immer deutlicher geworden, wie vielschichtig der Themenkreis Nachhaltigkeit ist. *Nachhaltigkeit ist inzwischen eine ethische Dimension, die sämtliche Bereiche unseres Lebens umfasst. Nachhaltigkeit betrifft unser privates Leben, und sie betrifft das Gemeinwesen, die soziale Dimension.* Und sie ist dynamisch: Beim Schreiben hat mich immer wieder die Tagesaktualität überholt: Lebensmittelskandale, Fukushima, Börsen-Kursstürze …

Ideologien helfen nicht weiter. Die Wirklichkeit ist zu komplex, und daher gibt es auch keine einfachen Lösungen.

Auf der Suche nach den tieferen Ursachen dieser Krisen, nach einem gemeinsamen Nenner, landete ich immer wieder beim Menschen: Wir selbst haben unser Schicksal, unsere Zukunft in der Hand. Wir sind die Handelnden. Wir haben die Freiheit, jeden Tag richtige oder falsche Entscheidungen über unsere Zukunft zu treffen.

Und wir sind es, die letztlich in der Verantwortung für diese Entscheidungen stehen.

Es ist die gleiche Freiheit, die uns von Gott geschenkt ist, die Freiheit des Glaubens und die der Entscheidung für oder gegen etwas. Und es geht um die gleiche Verantwortung für die Folgen unseres Handelns. Wie nachhaltig wir handeln, wie wir künftig mit den Ressourcen unseres Planeten umgehen, vor allem mit Wasser, wird das Klima auf dieser Welt, und damit meine ich vor allem das soziale Klima, entscheidend beeinflussen.

In einer offenen Mediengesellschaft wie der unseren werden wir täglich mit den Folgen unsers Handelns, unserer Lebensweise konfrontiert, mit den kleinen und den großen Katastrophen. Dabei wird vieles überzeichnet, dramatisiert. Wir werden hin- und hergerissen zwischen Weltuntergangs-Szenarien und Fortschrittsgläubigkeit. Woran können wir, gerade die Christen, uns orientieren, woraus Hoffnung schöpfen?

Dieses Buch wendet sich an ganz unterschiedliche Leser, die sich als aufgeklärte Bürger verstehen, aber in ganz verschiedenen Lebenssituationen stehen. Und es bezieht sich auf eine Fülle von Quellen. Je nach Alter und Betroffenheit, nach Erfahrung und Lebenssituation nehmen wir ganz unterschiedlich wahr, was wir für uns selber aus den Informationen herausfiltern: Bildung, Energie, Finanzen, Gesundheit, Gewohnheiten, Verhaltensweisen. Dieses Buch will möglichst viele Leser ansprechen, objektiv informieren und gleichzeitig die komplexe Thematik unter spirituellem Gesichtspunkt angehen. Der rote Faden, der uns dabei begleitet, heißt: *„Freiheit durch Verantwortung, Verantwortung aus Freiheit"*.

In den folgenden neun Kapiteln will ich versuchen, der Vielschichtigkeit des Zukunftsthemas Nachhaltigkeit gerecht zu werden. Ich hoffe, Denkanstöße für kritisches Hinterfragen unserer Verantwortung zu geben, Denkanstöße für den kritischen Diskurs.

1 Darum geht es

Der „Club of Rome" und seine Impulse

Der Begriff der Nachhaltigkeit ist keine Wortschöpfung unserer Zeit. Er lässt sich zurückführen auf eine Publikation des kursächsischen Forstrates Hans Carl von Carlowitz aus dem Jahr 1713, in der er von der „nachhaltenden Nutzung" der Wälder schrieb, ohne aber weiter auszuführen, wie sie zu erreichen sei. Einer seiner Nachfolger, Georg Ludwig Hartig, hat 1795 ausformuliert, was Nachhaltigkeit bedeutet: „Nachhaltigkeit der Nutzung" bezeichnet zunächst die Art der Bewirtschaftung eines Waldes: Es wird immer nur so viel Holz entnommen, wie nachwachsen kann, so dass der Wald nie zur Gänze abgeholzt wird, sondern sich immer wieder regenerieren kann. Der Begriff wurde schließlich als *sustained yield* ins Englische übertragen und fand Eingang in die internationale Forstwissenschaft.

Seit der 1968 gegründete „Club of Rome", eine internationale, interdisziplinäre Vereinigung von Wissenschaftlern, den Begriff der *Nachhaltigen Entwicklung* prägte und ihn 1972 mit der Studie „Die Grenzen des Wachstums"* mit ganz konkreten Forderungen und Vorschlägen inhaltlich ausfüllte, hat sich ein weltweites Bewusstsein für diese entscheidende Zukunftsfrage entwickelt. Ein zentrales Anliegen und Thema des „Club of

---

* Siehe Quellen, 1

Rome" war damals die Abkehr von den fossilen Brennstoffen, die, wie damals bereits erkennbar war, die Hauptursache für die Klimaveränderung durch CO_2 sind. Diese Frage ist nach wie vor aktuell.

Wenn wir heute über den Begriff der Nachhaltigkeit diskutieren, können wir das Thema aber nicht mehr nur auf eine ökonomisch-ökologische Sichtweise verengen. Es geht um eine umfassende, also eine ethische Grundhaltung, eine Lebensweise. Nachhaltiges Denken und Handeln wächst immer mehr aus der Enklave des Umwelt- und Klimaschutzes heraus und hinein in die Forderung nach sozialer Gerechtigkeit, und zwar weltweit. Dieses ökosoziale Denken und Handeln betrifft damit unser gesamtes Leben, und es beginnt bei der Bildung.

Nachhaltigkeit bedeutet vor allem verantwortliches Denken und Tun, das stets die Konsequenzen im Blick behält. Alles, was wir tun, hat Auswirkungen und Konsequenzen. „Respice finem – denk an das Ende". Kurzfristiges Handeln, Egoismus und Profitgier fallen in der Konsequenz mit schwerwiegenden moralischen Folgen auf uns zurück. Langfristige Wertschöpfung dagegen schafft Stabilität und Wachstum.

Da ich in diesem Buch bewusst auch aus der Erfahrung der benediktinischen Tradition spreche, kann ich hinzufügen: Eine solche, auf Langfristigkeit bedachte Wertschöpfung entspricht auch unserer benediktinischen Lebensweise, die wiederum auf uralten Weisheiten beruht. Wir bauen für Jahrhunderte, leben weitgehend autark von unserer Arbeit als Land- und Forstwirte, Handwerker, Lehrer und Seelsorger, und sorgen in unserem Wirkungskreis für Arbeit und Bildung. Selbst die humanistische Bildung, die wir vermitteln, stellt eine vorzügliche Grundlage für ein nachhaltiges Lebensmodell dar.

Humanistische Bildung befähigt uns, die eigentlichen Werte zu entdecken und zu pflegen, die unserem Leben Sinn geben: Verantwortung für Familie und Partnerschaft, Hinwendung zum Nächsten, aber auch Bescheidenheit, Demut und Dankbarkeit für alles, was uns geschenkt ist und was wir weitergeben dürfen. In Afrika gibt es ein Sprichwort, das sinngemäß besagt: „Man pflanzt keine Bäume, von denen man nicht selbst erntet." Wir sind aufgerufen, Bäume zu pflanzen und zu pflegen, von denen wir nicht nur selbst, sondern auch unsere Nachkommen ernten.

Nachhaltig leben heißt verantwortlich handeln

Es gibt einen roten Faden durch sämtliche Kapitel dieses Buches: Nachhaltiges Leben kann sich nur in der Gestaltungsfreiheit, die uns Gott in seiner Schöpfung geschenkt hat, frei entfalten. Diese Freiheit ist ein großartiges Geschenk, ein hohes Gut, aber sie ist untrennbar verbunden mit unserer Verantwortung, diese Schöpfung auch zu bewahren und für künftige Generationen zu erhalten. Wenn wir in dieser Verantwortung versagen, fällt sie auf uns zurück, spätestens in den folgenden Generationen.

Im Schöpfungsbericht der Bibel steht lapidar am Ende des Sechs-Tage-Werks:

Gott sah alles an, was er gemacht hatte: Es war sehr gut. Es wurde Abend und es wurde Morgen: der sechste Tag (Gen 1,31).

Natürlich wurde die Welt von Gott nach dem modernen christlichen Verständnis nicht in sechs Tagen geschaffen. In der Bildersprache der Bibel wird die Herkunft der Welt von Gott betont und damit ihr positiver Charakter. Wir wissen heute, dass die Welt in einem sehr komplizierten Evolutionsprozess entstanden ist und erkennen im Glauben, dass sie im Tiefsten eben doch von vernünftiger Hand geschaffen wurde und weiter gehalten wird. Die Schöpfung der Welt war nicht ein einmaliger Akt. Unser Glaube an das „Ja" Gottes zum Leben ist für uns Christen das stärkste Motiv, Gottes Werk zu achten.

Ebenso symbolisch ist der folgende Text zu verstehen:

Gott, der Herr, nahm also den Menschen und setzte ihn in den Garten von Eden, damit er ihn bebaue und hüte (Gen 2,15).

Das heißt: Gott gab uns die Aufgabe, seine Schöpfung, den Garten Eden, zu pflegen. Er gab uns das Paradies, nahm uns aber auch in die Pflicht. Die Bibel erzählt dann weiter in ihrer Bildersprache, dass wir (Adam und Eva) dieser Aufgabe und dem Gebot Gottes, nicht vom Baum der Erkenntnis zu essen, nicht gerecht wurden.

Diese biblische Geschichte vom Sündenfall bedeutet aber nicht, dass wir angesichts der Wunder der Natur nicht staunen und Gott danken dürfen, so wie es im Psalm 104,1 geschieht: *„Mein Gott, wie groß bist Du!"*

Wenn ich an einem Frühlingstag an blühenden Wiesen vorbeiwandere, kommt mir manchmal das Wessobrunner Gebet in den Sinn, das älteste Zeugnis der deutschen Sprache aus dem 9. Jahrhundert.*

*Das erfuhr ich unter den Menschen
als der Wunder größtes,
dass Erde nicht war, noch oben der Himmel,
nicht Baum, noch Berg nicht war,
noch irgendetwas,
noch die Sonne nicht schien,
noch der Mond nicht leuchtete,
noch das herrliche Meer.
Als da nicht war an Enden und Wenden,
da war der eine allmächtige Gott, der Wesen gnädigstes,
und da waren mit ihm auch viele herrliche Geister.*

---

* Übersetzt vom Historiker Johann Nepomuk Sepp

Und Gott der heilige ...
Gott Allmächtiger, der du Himmel und Erde wirktest
und der du den Menschen so mannigfach
Gutes gegeben,
gib mir in deiner Gnade
rechten Glauben
und guten Willen,
Weisheit und Klugheit und Kraft,
den Teufeln zu widerstehen,
und das Böse zurückzuweisen
und deinen Willen zu wirken.

Das ist eine Sichtweise, die noch ganz auf dem biblischen Weltbild beruht.

Kehren wir nach diesem Ausflug in die Welt der Bibel und der Spiritualität des frühen Mittelalters zurück in die Realität des 21. Jahrhunderts, die von einem komplexen Bündel von früher unbekannten, bislang ungelösten Problemen geprägt ist:

- Umweltschäden in Wasser, Land und Luft in enormem Ausmaß,
- Überexponentielles Wachstum der Weltbevölkerung,
- Armut und Hunger bei jedem fünften Menschen,
- Bildungsdefizite in den meisten Ländern,
- Gefährliche, gefährdete Energieversorgung.

Wir haben die Freiheit der Verantwortung für das Paradies oder die Hölle auf Erden

Angesichts dieser Tatsachen und bekannten Herausforderungen, deren Folgen von den Medien fast täglich vorgeführt werden, finde ich es erstaunlich, mit welcher Nonchalance wir mit diesen Problemen umgehen und sie in die Zukunft projizieren – als wären sie in weiter Ferne. Statt konsequent zu handeln, üben wir uns in der Kunst des Verdrängens. Wir – das sind beispielsweise wir hier in Deutschland, denen es im Grunde an nichts mangelt, die aber immer mehr fordern: Billige Lebensmittel, billigen Sprit, billiges Essen.

Wir blicken nur ungern über unseren Tellerrand hinaus, dorthin, wo die Not am größten ist. Wir machen die Politik verantwortlich für die steigenden Kosten, erregen uns über die Ölmultis, die uns regelmäßig vor dem Urlaubsbeginn eine noch höhere Spritrechnung stellen. Wir kaufen dennoch lieber eine teure Geländelimousine mit hohem CO_2-Ausstoß, und wir fliegen, wie gewohnt, jährlich in den Urlaub, diesmal aber in die sichere Türkei, statt in das krisengebeutelte Tunesien, weil wir dort Gefahr laufen, bettelnden Libyern zu begegnen. Dafür lassen wir im Supermarkt dann das teure Bio-Landei aus Freilandhaltung doch lieber liegen und nehmen das Billigei vom Käfighuhn. Aufgeschreckt sind wir dann allerdings, wenn das fünf Cent billigere Massenhaltungsprodukt Spuren von Dioxin aufweist. Wir wollen reinste Atemluft, naturklares Wasser ohne Chlorzusatz und einen unverbauten Ausblick. Kraftwerke wollen wir in unserer Umgebung ebenso wenig sehen, wie Windräder. Gegen Stromausfall würden wir dagegen umgehend demonstrieren.

Wir sind eine Gesellschaft mündiger Wutbürger, die ihre hart erarbeiteten Privilegien in Wagenburgmanier gegen den Rest der Welt verteidigt. Aber: wir leben nicht auf einer Insel. Wir sind nur ein kleines Land auf dieser Erde. Wir leben gern in einem arrondierten Paradies, und nehmen die Probleme um uns herum am liebsten nicht wahr. Dadurch werden wir uns aber unserer Verantwortung nicht bewusst.

Diese weitverbreitete gespaltene Haltung in unserer Gesellschaft hat der Medienforscher und Soziologe Norbert Bolz* folgendermaßen beschrieben: „Die moderne Gesellschaft gleicht einem Blindflug: Das Flugziel ist unbekannt, aber das Flugzeug technologisch der letzte Schrei." Hinzu kommt: Die meisten von uns haben keinen unmittelbaren Zugang mehr zur Wirklichkeit – nur noch über die Medien. So stellt sich die Frage: Sind wir wirklich mündige Bürger, die auch einmal Nachteile in Kauf nehmen, wenn das Gemeinwohl, oder – christlich gesprochen – unsere Schwestern und Brüder „da draußen" es erfordern?

---

* Siehe Quellen, 2

Soziale Gerechtigkeit? Wir leben gut – auf Kosten der Armen

Der zweite rote Faden in meinen Betrachtungen um eine nachhaltige Zukunft ist die soziale Gerechtigkeit. Auf das nach wie vor dramatische Nord-Süd-Gefälle gehe ich in den Kapiteln „Ökosozial oder marktradikal? Wege in die Zukunft" und „Armut und Hunger – die Schande unserer Zeit" noch ausführlicher ein – ich erlebe diese Probleme auf meinen Reisen nach Afrika und Südamerika immer wieder hautnah. Mit dem viel stärkeren Bevölkerungswachstum in der südlichen Hemisphäre – 2050 werden unter den jetzigen Vorzeichen vier von fünf Menschen südlich des Äquators leben – wird dieses Wachstum eine der großen Herausforderungen an die Wirtschaft, aber auch an die Friedenspolitik sein.

Nach wie vor muss man von Ausbeutung sprechen, wenn wir über die Vermarktung der Rohstoffe aus der Dritten Welt sprechen: Kaffee, Kakao und Baumwolle – um nur drei Rohstoffe aus unserem täglichen Leben zu nennen –, aber auch Edelhölzer werden vor der Weiterverarbeitung in Europa oder Nordamerika oft nur zu einem Zwanzigstel bis Dreißigstel ihres Wertes gehandelt – dazwischen liegen gewaltige Gewinnspannen, die nur zu einem sehr kleinen Teil durch Fair-Handel-Organisationen aufgefangen werden. Ähnlich ungleichgewichtig ist das Nord-Süd-Gefälle bei der Luftverschmutzung, einer Ursache der Weltklimaveränderung: Eben die etwa 20 Prozent der Menschheit, die über 80 Prozent des Welteinkommens verfügen und fast ausschließlich auf der nördlichen Erdhalbkugel leben, produzieren etwa zwei Drittel der CO_2-Belastung. Leidtragende durch Dürre und Versteppung sind jedoch überwiegend die Menschen, die auf der südlichen Erdhalbkugel leben.

Unser Überleben wird einerseits von unserer Fähigkeit, uns wieder mit unserer Umwelt zu versöhnen, andererseits vom sozialen Ausgleich zwischen Arm und Reich, zwischen Nord und Süd abhängen: von einer gerechten Weltordnung.

2 Woran unsere Welt leidet

Armut und Hunger, die Schande unserer Zeit

In der Süddeutschen Zeitung vom 31. August 2011 fand sich ein Beitrag über ein neu erschienenes Buch mit dem Titel „Die Essensvernichter". Darin weist der Umweltjournalist Stefan Kreutzberger* nach, dass die Hälfte unserer Lebensmittel in den Mülleimer geworfen wird. Ein großer Teil dieser Lebensmittel ist nicht verdorben. Handel und Verbraucher sind gleichermaßen an dieser Vernichtung beteiligt. Einer der Gründe sei, dass die Hersteller das Mindesthaltbarkeitsdatum bewusst zu niedrig ansetzen, damit die Regale schneller leergeräumt und neue Waren verkauft werden können.

Werden Lebensmittel in unserer Gesellschaft wirklich so gering geschätzt? Sicher nicht bei jenen, die einmal Hunger erfahren haben, denn das prägt fürs Leben.

Wenn wir das Vaterunser beten, denken wir dann bei der Bitte „unser tägliches Brot gib uns heute" noch an deren existenzielle Bedeutung? Uns erscheint diese Bitte vielleicht eher symbolisch – für eine Milliarde Menschen ist sie jedoch nach wie vor wortwörtlich und ernst gemeint. Unsere Beziehung zum Hunger in der Welt hat heute eher den folkloristischen Charakter, den wir auch dem Erntedankfest heute zubilligen. Für Stadtmenschen ist dieses Fest in ebenso weite Ferne gerückt, wie für viele

---
* Siehe Quellen, 3

von uns die hungernden Menschen in Darfur oder in Bangladesch.

Der Markt regelt alles, sagen viele Wirtschaftstheoretiker und berufen sich dabei auf den Sieg der freien Marktwirtschaft westlicher Prägung über die Planwirtschaft in den früheren sozialistischen und kommunistischen Ländern des Ostens. Die besondere chinesische Variante der staatlichen Wirtschaftslenkung, die durchaus freies Unternehmertum zulässt, ziehen sie dabei nicht in Betracht.

Wenn der Markt aber ungeregelt aus dem Ruder läuft, wenn Ungerechtigkeit herrscht, wenn 80 Prozent der Menschen auf dieser Welt nur über knapp 20 Prozent des von allen erwirtschafteten Einkommens verfügen können, wenn nur 10 Prozent der jungen Menschen eine höhere Schulbildung offensteht und wenn täglich 24 000 Menschen verhungern, dann hat der Markt versagt: Er dient nur noch einer Minderheit der Menschen und muss deshalb reguliert werden. Wirtschaftssysteme folgen in ihrer Logik eben nicht nur dem Wettbewerbsgedanken, um die bestmöglichen Lösungen für das Gemeinwohl zu finden. Sie brauchen auch gewisse Regeln und Rahmenbedingungen, die sicherstellen sollen, dass die Marktteilnehmer sich richtig verhalten. Das hat uns nicht zuletzt die Weltfinanzkrise der Jahre 2008 und 2009 gelehrt. Die Occupy-Bewegung hält die Erinnerung daran aufrecht und fordert Konsequenzen.

Zwar ist – Gott sei Dank – der Hunger in der Welt nach dem weltweiten Welthungerindex (WHI) aus dem Jahr 2010 im Vergleich zum WHI des Jahres 1990 um fast ein Viertel von 19,8 auf 15,1 Prozent der Weltbevölkerung zurückgegangen. Das ist an sich eine gute Nachricht, jedoch ist damit das Ziel der Vereinten Nationen, den Anteil der hungernden Menschen von 1990 bis 2015 zu halbieren, noch lange nicht erreicht. In den verbleibenden fünf Jahren sind daher verstärkte Anstrengungen notwendig, um den weltweiten Hunger zu bekämpfen. Dank unserer Hilfe und Unterstützung für Aktionen wie Misereor, Brot für die Welt und die Welthungerhilfe ist viel Hunger und Krankheit gelindert worden. Und doch reicht diese Solidarität bei weitem noch nicht aus. Uns wird die Tragödie von Hunger und dessen Folgen schlaglichtartig immer erst bewusst, wenn die Medien darüber berichten: wenn, wie in Somalia, Kenia und Äthiopien jahrelange Dürre zu Missernten und Viehsterben geführt haben und das Leben von Millionen Menschen dadurch gefährdet ist.

Bei weltweit stagnierenden Getreideerträgen und gleichzeitigem Bevölkerungszuwachs von täglich mehr als 200 000 Menschen geraten wir überdies in eine gefährliche Spirale bei den Nahrungsmittelpreisen. Sie trifft wiederum vor allem die Armen und die Kinder. Um deren Hunger zu stillen, müsste die weltweite Nahrungsmittelproduktion bis zur Jahrhundertmitte um 70 Prozent gesteigert werden. Eine gewaltige Herausforderung, nicht zuletzt angesichts des Klimawandels, der eher weniger Ertrag bewirkt. *Jeder siebte leidet Hunger, vor allem die Kinder.*

Der Anteil der untergewichtigen Kinder unter fünf Jahren ging zwischen 1990 und 2010 lediglich um 2,6 Prozent zurück. Auch die Sterblichkeitsrate der Kinder unter fünf Jahren und der Anteil der Unterernährten sank nur wenig. Insgesamt gibt es also wenig Grund zur Freude, denn das Niveau des WHI ist weiterhin besorgniserregend hoch, es ist eine Schande unserer Zeit. Denn diese anonymen Zahlen stehen für eine Milliarde Schicksale (jeden siebten auf dieser Erde!), eine Milliarde Menschen, die Hunger leiden, und sie stehen für viele Millionen Kinder, die Hoffnung der Welt, die nur wenige Jahre leben.

Armut und Hunger sind kein unabänderliches Schicksal, in das man hineingeboren wird, sie sind erst recht nicht, wie manche zuweilen zynisch behaupten, „Gottes Wille" – sie sind durch uns selbst verursacht. Und damit meine ich nicht durch die Menschen, die in diesem Mangel leben müssen, sondern auch durch uns, die wir deren Not auch noch mit Niedrigstlöhnen ausnützen und durch Spekulation die Nahrungsmittelpreise in die Höhe treiben.

Armut und Hunger gab es früher auch bei uns

Armut und Hunger gab es auch bei uns, vor gar nicht allzu langer Zeit, noch in den zwanziger Jahren des vergangenen Jahrhunderts. Der Dorflehrer Martin Meier* aus St. Georgen bei Dießen am Ammersee hat diese Zeit eindrücklich in seinen Erinnerungen „Das war Armut" beschrieben. Es ist mehr als ein Zeitzeugnis, es ist eine Anleitung zur Bescheidenheit.

In dem Buch „Das war Armut" geht es um die zwanziger und dreißiger Jahre im Raum Weilheimer/Starnberger See – heute eine der bevorzugtesten und wohlhabendsten Gegenden in Bayern. An der Tagesordnung war ein karges Frühstück, kein warmes Mittagessen, lange Arbeitszeiten, anstrengende Arbeit und hohe Preise für Grundnahrungsmittel. Sozialversicherung, Altersrente und Krankenversicherung waren noch nicht gesetzlich eingeführt. Man könnte auch sagen:

---

* Siehe Quellen, 4

Heute heißt Armut, dass man weniger Geld als der Durchschnitt der Menschen im Land zur Verfügung hat. Daher ist der Lebensstandard in „Armut" in den letzten Jahrzehnten natürlich gestiegen.

Früher hieß Armut, dass man aus eigenen Mitteln seine Grundversorgung (Essen, eine warme Wohnung und warme Kleidung) nicht aufbringen konnte. Und das war in der beschriebenen Zeit nicht außergewöhnlich, sondern oft genug an der Tagesordnung.

Wir haben diese Armut zwar überwunden, aber allein die bei manchen noch lebendige Erinnerung daran sollte uns die Augen dafür offenhalten, dass in großen Teilen dieser Welt heute noch bittere Armut herrscht. Spenden allein, so wertvoll jeder einzelne bescheidene Beitrag in der Summe auch ist, können nur punktuell helfen.

Vier von fünf Menschen werden auf der Südhalbkugel leben

Gibt es wirksamere Methoden und Wege, Armut und Hunger zu überwinden, zumal vor dem Hintergrund der künftigen Entwicklung der Weltbevölkerung? Das ist vor allem eine Frage der Verteilungsgerechtigkeit, auch der zwischen Nord und Süd auf unserem Planeten. Nach Hochrechnungen von Demografen werden im Jahr 2050 auf der Nordhalbkugel 1,6 Milliarden Menschen leben, auf der Südhalbkugel hingegen 8,4 Milliarden. Dieses Verhältnis zeigt uns bereits deutlich, wo künftig die Schwerpunkte in der Entwicklungshilfe im Kampf gegen Armut und Hunger liegen.

Was muss geschehen, was können wir tun? Es liegt zuallererst in der Verantwortung der einzelnen Staaten, wie sie ihre Bevölkerung ernähren. Sie müssen ihre natürlichen Ressourcen so erschließen, dass sie weitgehend autark leben können. Dies kann durch Landreformen ebenso geschehen wie durch modernere, wirksamere Methoden in der Landwirtschaft. Misswirtschaft, wie in den vergangenen zwei Jahrzehnten in Simbabwe, wo riesige fruchtbare Flächen veröden, weil die Regierung die weißen Farmer enteignet und vertrieben hat und die eigene Bevölkerung auf kleinen Flächen mangels Ausbildung, mangels Saatgut und mangels moderner Maschinen nur geringe Erträge erwirtschaftet, hat unzählige Menschen in die Armut getrieben.

In Tausenden von Projekten entscheidet sich der Kampf gegen Armut und Hunger

Staaten und Regierungen können durch eine vernünftige Wirtschafts- und Sozialpolitik die Voraussetzungen für die Wohlfahrt ihrer Völker schaffen – oder sie zumindest nicht behindern. Der Kampf gegen Armut und Hunger wird vor allem durch Eigeninitiative und durch ideelle Förderung in den unzähligen Orten und Projekten entschieden werden. Dort, wo er geführt werden muss. Es ist ein stetiges Bemühen, das einen langen Atem erfordert, und es wird der Arbeit an der Basis bedürfen.

Wie andere Entwicklungsorganisationen versuchen wir Benediktiner in Tansania die landwirtschaftlichen Erschließung zu fördern. Die Mönche haben Bewässerungssysteme, fortschrittlichere Anbaumethoden und besseres Saatgut mitgebracht. Der Hybridmais, der dort angebaut wird, ist beispielsweise ein großer Fortschritt. Die Klostergüter erwirtschaften bei gleicher Anbaufläche oft das Doppelte und Dreifache und können damit entsprechend mehr Menschen ernähren. Langsam finden sie auch Nachahmer in der Bevölkerung.

Ein anderes Beispiel ist die Forstwirtschaft. Wir pflanzen Wälder, wo immer wir hingehen, und wo immer dies möglich ist. Ganz im Sinne der Unabhängigkeit von teuren Einfuhren pflanzen wir Bäume und hegen sie, um später auch Bauholz für die heimischen Menschen zu gewinnen. Die Forstwirtschaft ist damit nicht nur eine Maßnahme für den Umweltschutz, sondern auch eine soziale Aufgabe. Bäume auf Jahre vorausschauend anzupflanzen, war für viele Afrikaner fremd. Man pflanzt keine Bäume, von denen man nicht selber erntet. Wir sind aufgerufen, Bäume zu pflanzen und zu pflegen, von denen wir nicht nur selbst, sondern auch unsere Nachkommen ernten.

Diese naturverbundene Lebensweise ist heute aktueller denn je. In unserem Kloster in Sambia wohnen Schüler umsonst im Internat. Ihre Gegenleistung besteht darin, einen Teil ihrer Ferien im Garten und auf den Feldern zu arbeiten. Jetzt legen sie auch zu Hause bei ihren Familien solche Gemüsegärten an.

Es ist der Versuch, von unten her ein neues Bewusstsein aufzubauen. Vielleicht ist es erfolgversprechender als so manches verordnete Programm einer Regierung. Immer wieder geht es darum, die Eigeninitiative zu fördern.

Nach dem Vorbild unserer Klosterdörfer in Europa entstanden so auch die Klöster in Afrika von Anfang an als selbständige Einheiten, die nach der Benediktregel im Rhythmus von „ora et labora" leben. Unsere Klöster vermitteln als Grundlage für ein nachhaltiges Leben ohne Not den lebensnotwendigen Dreiklang von Bildung, Pastoral und Gesundheitsfürsorge. Die Versorgung mit den notwendigen Gütern des Lebens war und ist in unserer

Missionsarbeit zwar eine vorrangige Aufgabe. Parallel dazu widmen wir uns aber auch der Schulbildung und Berufsausbildung, weil sie der eigentliche Schlüssel zur Nachhaltigkeit sind. Es ist beachtlich, welche handwerklichen und kunsthandwerklichen Erzeugnisse dort entstehen, von Möbeln bis zu Büchern, und mit welcher Hingabe die jungen Menschen dort Pflegeberufe in unseren Krankenhäusern und Krankenstationen ergreifen.

Klöster garantieren die Nachhaltigkeit von Projekten. Maschinen werden gewartet, Wasserkraftwerke instand gehalten, und zwar nicht nur über Jahre, sondern über Jahrzehnte. Die Mönche bleiben vor Ort und verwachsen mit der Bevölkerung.

Die Schlüssel sind Bildung, Lehre, Wissen

Der Schlüssel dazu ist Bildung, Ausbildung, Lehre, und, je nach Talent, ein Hochschulstudium mit dem Ziel, in den noch armen Ländern Afrikas und Asiens eine eigene Wissensgesellschaft heranzubilden, um es der dortigen Bevölkerung zu ermöglichen, ihr Schicksal in die eigenen Hände zu nehmen. Das ist der schnellste und sicherste Weg, auch dort Armut und Hunger zu überwinden. Und es ist zugleich der Weg zum sozialen Frieden.

Sie sind unsere Schwestern und Brüder!

Bilder können abstumpfen. Wir haben uns an die Bilder von der Insel Lampedusa gewöhnt, die überfüllten Boote mit den völlig erschöpften Menschen, die nichts als ihr nacktes Leben gerettet haben. Wir vergessen, welchen Weg sie hinter sich haben, welchen Mut sie aufbringen mussten, aber auch welche Verzweiflung sie getrieben hat, alles hinter sich zu lassen, ihre Familie, ihre Freunde, ausgestattet mit dem letzten Geld, auch dem ihrer Familie, wie sie unterwegs bis aufs letzte Hemd ausgebeutet wurden, nur um den letzten Strohhalm ihrer Hoffnung zu ergreifen: irgendeine Arbeit in einem imaginären gelobten Land zu finden, um sich ernähren und sich selbst und ihren zurückgebliebenen Familien ein menschenwürdiges Leben ermöglichen zu können. Ich muss dabei an die alttestamentarische Geschichte des Auszugs Israels aus Ägypten ins gelobte Land Israel denken.

Wer es bis nach Lampedusa oder Gibraltar geschafft hat, den erwartet in den meisten Fällen die sofortige Abschiebung oder ein als „Zwischenlager" bezeichneter Menschenpferch, in jedem Fall aber die nächste Demütigung: nämlich von vielen Politikern pauschal als „Wirtschaftsflüchtlinge" diffamiert zu werden. Was ist damit gemeint? Flüchtlinge *aus* Ländern mit einer darniederliegenden Wirtschaft, oder Flüchtlinge *in* Länder mit einer unbarmherzigen Wirtschaft? Was tun wir? Wir diskutieren stundenlang in Talkshows über Einreisequoten und darüber, wie wir unsere Grenzen möglichst abschotten, statt darüber, wie wir wirksame humanitäre Hilfe leisten können.

Es ist wohl so ähnlich wie das hierzulande immer wieder gezeichnete Bild vom vollen Boot, in dem wir angeblich leben. Ja, wir sehen die überladenen, seeuntüchtigen Boote mit erbarmungswürdigen Menschen darauf, aber wir sehen sie von unserem Fünfsterne-Kreuzfahrtschiff aus, ausgestattet mit allem Luxus und Gourmet-Restaurants, die wir nur dann mit Menschen anderer Hautfarbe teilen möchten, wenn diese zum Servicepersonal gehören. Wie viele es nicht geschafft haben, auf das Luxus-Kreuzfahrtschiff Europa zu gelangen, im Mittelmeer erbärmlich ertrunken sind, weiß niemand. Hoffentlich ereilt Europa nicht auch einmal das Schicksal der „Concordia".

Die Flüchtlinge sind auch Opfer unseres Lebensstils

Dabei hat diese Flüchtlingskatastrophe viel mit uns, mit unserem Lebensstil zu tun. Was wir täglich in den Nachrichten sehen, den Überlebenskampf von Tausenden von Flüchtlingen aus Afrika, die irgendwo in Europa ein neues Leben suchen, ist nur ein Teil, ein Ausschnitt der bisher größten humanitären Katastrophe unserer Zeit. Bis 2050, so rechnet eine UN-Studie die Fortsetzung dieser Katastrophe hoch, werden 200 Millionen Menschen auf der Welt vor den Folgen von Stürmen, Dürren und Überschwemmungen flüchten. Allein die verheerenden Konsequenzen von Überschwemmungen in Bangladesch werden sich in Zukunft auch aufgrund der Klimaveränderungen häufen. Sie zwingen Millionen von Menschen zur Flucht in andere Regionen. Wenngleich es bis heute umstritten ist, inwieweit die Veränderungen durch natürliche Klimaschwankungen bedingt sind, inwieweit sie menschengemacht sind, so spielen menschliche Faktoren eben auch eine entscheidende Rolle: Schadstoffemissionen, Kriege und religiöser Fanatismus.

Wenn keine konsequenten Maßnahmen gegen die globale Erderwärmung ergriffen werden, könnten bis zur Mitte dieses Jahrhunderts rund 200 Millionen Menschen – also etwa zweieinhalb Mal so viele Menschen wie in Deutschland – ihrer Existenzgrundlage beraubt und gezwungen sein, ihre Heimat zu verlassen. Das berichteten UN-Organisationen und internationale Hilfsorganisationen auf der UN-Klimakonferenz in Bonn unter Berufung auf Schätzungen der Internationalen Organisation für Migration (IOM).*

Die Fluchtbewegungen könnten „alles bisher Dagewesene" übertreffen, warnen die Autoren der Studie. „Die Konsequenzen für die menschliche Sicherheit könnten verheerend sein." Schon in den nächsten Jahren sei zu erwarten, dass Millionen Menschen auf der Flucht seien. „Menschen in Entwicklungsländern und Inselstaaten werden als erstes und am schwersten betroffen sein", schreiben die Autoren. „Wir brauchen neue Denkanstöße und praktische Ideen, um die Gefahren zu verringern", sagte Koko Warner von der UN-Universität, die Hauptautorin der Studie.

Der Klimawandel hat bereits heutzutage „einen immer größeren Einfluss auf die Entscheidung der Menschen, ihre Heimat zu verlassen", meinte der Klima-Koordinator der Hilfsorganisation Care International**, Charles Ehrhart. Er warnt vor den möglichen Auswirkungen eines steigenden Meeresspiegels: „Im dicht besiedelten Flussgebiet des Mekong in Vietnam würde ein Anstieg von zwei Metern die Häuser von 14,2 Millionen Menschen und die Hälfte des Ackerlandes überschwemmen." Ähn-

---
* Siehe Quellen, 5
** Siehe Quellen, 6

liches gilt für die Anrainergebiete etwa des Ganges in Indien oder des Nils in Ägypten.

Es gibt keine globalen Konzepte für die künftigen Flüchtlingsströme

Schon jetzt sind Millionen Menschen vom globalen Klimawandel betroffen. Allein im Jahr 2008 seien durch Naturkatastrophen als Folge des Klimawandels rund 20 Millionen Menschen obdachlos geworden und aus ihren Heimatregionen geflüchtet, haben internationale Hilfsorganisationen und UN-Einrichtungen vor kurzem berichtet. Die Zahl der von Naturkatastrophen direkt betroffenen Menschen sei im vergangenen Jahrzehnt stark gestiegen. Im Schnitt würden 211 Millionen Menschen jedes Jahr von Naturkatastrophen heimgesucht.

Die Entwicklungen zum Thema globale Erderwärmung bereiten nicht nur Klimaforschern immer größere Sorgen. Wie wird es in 20, 30, 40 oder 50 Jahren aussehen? Das sind eine oder zwei Generationen! Dokumentarfilme schildern lebendig, was auf dem Spiele steht. Wenn man nun davon ausgeht, dass die Erderwärmung tatsächlich mit unserem Handeln in einem Zusammenhang steht, muss man sich die Frage stellen: Was tun wir dagegen? Was haben wir, das dagegen wirkt? Welche Schritte können wir tun, unseren Planeten bewohnbar zu erhalten? Ich meine damit nicht, vom Auto aufs Fahrrad umzusteigen, sondern unumgängliche globalpolitische Entscheidungen. Wie könnte eine Lösung aussehen?

Oder werden riesige, heute unbewohnbare Gebiete beispielsweise in Sibirien oder im Norden Kanadas bewohnbar werden? Bevor wir uns mit derartigen Planspielen beschäftigen, ob und wie wir 200 Millionen Menschen aus Bangladesch und anderen gefährdeten Ländern in Europa oder in Nordamerika unterbringen können, sollten globalere Konzepte durchdacht werden.

Die Erderwärmung scheint eine feststehende Tatsache zu sein. Welche Faktoren aber die Ursache sind, ob normale Klimaschwankungen – es gab ja in unseren Breitengraden Eiszeiten und Perioden tropischer Flora und Fauna –, oder ob der Wandel durch den hohen CO_2-Ausstoß verursacht wird, ist bislang nicht eindeutig zu entscheiden, wenngleich die Politik, allen voran die deutsche, sich der zweiten Erklärung angeschlossen hat. Klimapolitik kann leicht auch zu einer Ideologie werden, und andere Forschungen unterbleiben, weil sie nicht mehr genügend gefördert werden.

Etwas anderes ist die Umweltverschmutzung an sich, und insofern sind die Klimaschutzmaßnahmen zweifelsohne von Nutzen. Es kann nicht angehen, dass wir unseren Nachkommen eine Welt voller Unrat und verpesteter Luft hinterlassen. Die Wegwerfgesellschaft muss sich in eine Gesellschaft wandeln, die darauf bedacht ist, eine lebenswerte Umwelt zu erhalten, nach dem Prinzip: Ich verlasse jeden Ort so sauber, wie ich ihn angetroffen habe. Das verlangt allein schon die Verantwortung für andere und der Respekt vor der uns geschenkten Natur.

Mehr noch aber sind die großen Migrationen bedingt durch politische Unsicherheit, durch Kriege, ethnische oder religiöse „Säuberungen". Der Exodus der Christen aus dem Vorderen Orient, aus dem Sudan, aus Darfur oder bald auch der Christen aus dem Norden Nigerias in den Süden sind ein Skandal in einer modernen, aufgeklärten Welt. Das übertrifft bei weitem die Zahl der angeblichen „Wirtschaftsflüchtlinge".

Wie vorsichtig wir mit diesem Begriff umgehen sollten, wurde mir selbst in einem Fall besonders deutlich, den ich da und dort schon einmal geschildert habe, nämlich bei einem sogenannten „Kirchen-Asyl".

Das Schicksal einer Familie, einer von Millionen

Gastfreundschaft und die Aufnahme von Bedürftigen hat Benedikt von Nursia schon im 6. Jahrhundert in seiner Mönchsregel als einen der wichtigsten Werte festgeschrieben. In den Gästen und Fremden werde Christus aufgenommen, gemäß dem Wort aus dem Evangelium: „Ich war fremd, und ihr habt mich aufgenommen." (Mt 25,35) Und wir halten uns daran, sogar, wenn wir darüber mit dem Staat in Konflikt geraten. So, wie vor Jahren in meiner Zeit als Erzabt von St. Ottilien. Ich wurde damals gefragt, ob ich eine muslimische Familie für zwei Monate im Kloster beherbergen würde, ein kurdisches Ehepaar mit sechs Kindern, die beiden jüngsten davon in Deutschland geboren. Die ganze Familie sollte ausgewiesen werden. Das Revisionsverfahren lief noch, trotzdem hätte die Familie nach deutschem Recht bereits vor der Urteilsverkündung das Land verlassen müssen.

Was sprach dagegen, die Familie aufzunehmen – außer dem drohenden Ärger mit dem bayerischen Innenministerium? Unser Klostergelände war groß genug, wir hatten ausreichend Wohnraum, und die Zeit drängte. Ich entschloss mich, dieser Familie Asyl zu gewähren.

Aus den zwei Monaten wurden sechs Jahre. Die Familie lebte bei uns, die zwei Ältesten besuchten unser Gymnasium, die anderen gingen auf Schulen in der Umgebung. Auf die ministerielle Anfrage habe ich den bayerischen Innenminister wissen lassen, dass wir hier leider zivilen Ungehorsam leisten müssten. Rechtmäßig war das nicht, die Ausweisung war gültig. Die Polizei hielt sich trotzdem zurück, nur gegen mich wurde ein Verfahren wegen Missachtung der Gesetze eingeleitet, und beinahe hätte man sogar dem Innenminister den Prozess gemacht, weil er es unterließ, dem Gesetz Geltung zu verschaffen. Aber ich wollte nicht nachgeben – und konnte es auch vor meinem Gewissen nicht –, zumal ich die Geschichte des kurdischen Vaters bestens kannte, und nicht nur die Geschichte, sondern auch ihn selbst.

Der Mann, ein einfacher Bauer, kaum des Lesens und Schreibens mächtig, war in der Türkei mehrfach gefoltert worden, weil er sich geweigert hatte, den Militärdienst abzuleisten. Er hätte gegen seine eigenen kurdischen Landsleute antreten müssen. Er war mit seiner Familie nach Deutschland geflohen und dort an einen Psychologen geraten, der vor Gericht aussagte, seine Angst vor einer Rückkehr in die Türkei sei nur geheuchelt. Er hatte die Angst dieses kurdischen Vaters nicht hautnah miterlebt. Mir ging es nicht nur um ihn, sondern um die ganze Familie.

Der Revisionsantrag wurde, wie erwartet, abgelehnt, aber nichts geschah. Die Familie lebte weiter bei uns, der Mann arbeitete in unserer Landschaftsgärtnerei, half überall aus, es gab immer etwas zu tun für ihn, die Kinder wuchsen heran und machten sich gut in der Schule. Längst empfanden wir sie wie Nachbarskinder, die in einer Großfamilie mit an demselben Tisch sitzen. Ich wusste, dass der Innenminister nicht gut auf uns zu sprechen war. Er befürchtete, unfreiwillig einen Präzedenzfall zu schaffen. „Wollen Sie jetzt lauter Asylanten aufnehmen?" wurde ich gefragt. „Machen Sie sich doch mal klar, was das den Staat kostet!" „Nichts", habe ich geantwortet,

„keinen Cent." Wir hatten nämlich von uns aus Versicherungen für unsere Kurden abgeschlossen und sind selbst für alle Kosten aufgekommen, wenn die Krankenversicherung einmal nicht bezahlen wollte. Ein großes Kloster kann sich das Gott sei Dank leisten. Ob da acht mehr oder weniger am Tisch sitzen, spielt keine Rolle.

Eines Tages trat ein, was wir immer befürchtet hatten: Der Vater wurde verhaftet. An manchen Tagen fiel ihm die Decke auf den Kopf, dann verließ er den sicheren Klosterbezirk und machte einen Spaziergang in der Umgebung. Und als er eines Sonntags vor einem Waldstück auf einer Bank saß, tauchten zwei Polizisten auf, nahmen ihn fest und schafften ihn ins Gefängnis München-Stadelheim. Der Mann habe sich nicht ausweisen können, hieß es, deshalb sei er in Abschiebehaft genommen worden. Da saß er jetzt ein, und nur seine Frau konnte ihn hin und wieder besuchen. Das Risiko sei zu groß, dass er abtauchen würde, war die offizielle Begründung der Inhaftierung. Ich fuhr selber hin, um ihn zu besuchen, und auch andere Freunde kamen. Aber meistens war er mit seiner Angst allein, denn mehr als zwei Besuche im Monat waren nicht erlaubt.

Mit Geduld gibt es immer eine Lösung

Dann, nach vier Monaten, die Befreiung: Ein Amtsrichter sprach ihn frei – Kirchenasyl sei kein Haftgrund, entschied er. Denn die Behörden wüssten, wo er sich aufhalte. Notfalls könne man jederzeit über ihn verfügen. Ein mutiger Mann, dieser Amtsrichter. Der Innenminister war zwar alles andere als begeistert, sah aber von weiterer Gewalt ab. Wir verhandelten. Er schlug vor, zunächst nur den Vater nach Hause zu schicken, damit er sich in der Westtürkei eine Existenz aufbauen könne, bevor die Familie nachkomme. Das lehnte ich ab. Der Vater hatte in der Westtürkei keine Angehörigen, und es konnte Jahre dauern, bis er dort Fuß gefasst hätte. Ohne weitläufige Familienbeziehungen würde er es schwer haben, und seine Frau würde in der Zwischenzeit mit sechs halbwüchsigen Kindern allein dastehen. Außerdem drohte ihm die Folter, was der Innenminister nicht leugnete. Er erwog deshalb, mit dem türkischen Generalkonsul zu reden, um zu erreichen, dass der Mann vom Militärdienst befreit wird und straffrei ausgeht. Auch damit konnte ich mich nicht abfinden, denn mir war klar, dass die Rückführung der Familie ihre Zerstörung bedeutet hätte.

Nach sechs Jahren endlich fanden wir die Lösung: Ausreise in ein anderes europäisches Land außerhalb der Europäischen Union. Es kam zu einer Einigung mit Polen, das damals noch nicht der EU angehörte, und seither lebten unsere Kurden in Breslau. Der älteste Sohn hatte das beste Abitur seines Jahrgangs geschafft und die älteste Tochter ist mit einem anerkannten syrischen Asylbewerber verheiratet. Sie besuchten uns auch später immer wieder und sie fühlen sich noch immer als Ottilianer. Nachdem Polen Mitglied der EU geworden war, konnten sie nach St. Ottilien zurückkehren. Die Eltern arbeiten auf einem Klostergut außerhalb von St. Ottilien, die Kinder machten eine Lehre, der älteste Sohn ist in Breslau geblieben, promoviert in internationaler Betriebswirtschaft und ist gleichzeitig Assistent an der dortigen Universität.

Hätten wir uns auch dann zu helfen gewusst, wenn die Staatsmacht versucht hätte, das Kirchenasyl gewaltsam zu beenden? Ich glaube, ja. Unsere Schüler und deren Eltern standen hinter uns, auf deren Solidarität konnten wir uns verlassen. Vielleicht hätten wir ähnlich reagiert wie die Benediktinerinnen von Dinklage. Die hatten etwa zur gleichen Zeit zwei osteuropäischen Familien Asyl gewährt, und eines Morgens, als die Nonnen gerade beim Chorgebet waren, rückte die Polizei an, ergriff die Familien und verfrachtete sie in ihren Mannschaftswagen. Die Schwestern konnten gerade noch rechtzeitig verständigt werden, sie brachen ihr Chorgebet ab, eilten in den Hof und setzten sich rosenkranzbetend im Kreis um das Polizeiauto. Was sollten die Polizisten machen? Losfahren konnten sie nicht. Sie gaben schließlich auf und die Familien durften nach mühseligen Verhandlungen schließlich nach Kanada weiterreisen.

Ich erzähle diese Geschichten auch deshalb, weil Gewissensentscheidungen im Kloster mitunter leichter fallen. Wir brauchen uns nicht jedem Druck zu beugen. Das liegt auch daran, dass wir Zeit haben. Wir können warten, wir stehen nicht unter Erfolgsdruck. Wir können über Dingen stehen, die außerhalb des Klosters so entscheidend sind. Wir können den Respekt vor der Freiheit der anderen vorleben. Auch den Respekt vor der Freiheit von Menschen, die auf der Flucht sind.

Wem gehört das Land?

Wer glaubt, dass die Zeit des Kolonialismus mit der Entlassung der letzten afrikanischen Länder in den sechziger und siebziger Jahren des letzten Jahrhunderts in die staatliche, politische Selbstbestimmung endgültig vergangen sei, hat die Entwicklung der letzten Jahre nicht aufmerksam genug verfolgt. Zwar sind die klassischen europäischen Kolonialmächte früherer Jahrhunderte, England, Frankreich, Spanien, Italien, Portugal, Belgien und Holland (auch Deutschland gehörte in der Kaiserzeit bis zum Ende des Ersten Weltkrieges dazu), nicht mehr in diesem Herrschaftsbereich aktiv, doch haben sie Nachfolger gefunden: die Anhänger des Neo-Kolonialismus. Was früher noch militärisch und meist blutig erobert wurde, wird heute einfach gekauft: Konzerne, Investoren und Spekulanten aus den reichen Ländern des Westens, zunehmend aber auch aus Asien und dem mittleren Osten, erwerben ganz einfach riesige Flächen billigen Ackerlandes in Afrika, Asien, Osteuropa und Südamerika. Sie tun dies zwar ohne Gewalt, aber doch in der gleichen Absicht wie die früheren Kolonialherren: Sie wollen sich bereichern, und nicht nur das. China braucht Rohstoffe für seine Industrie und auf längere Sicht fruchtbares Ackerland zur Ernährung seiner eigenen Bevölkerung.

Solange dies, in Übereinstimmung mit den jeweilgen Gesetzen der betroffenen Staaten, legal geschieht, wäre dagegen zunächst auch wenig einzuwenden. Schließlich geht es den „Investoren" in der Regel vor allem darum, das Land gewinnbringend zu nutzen: Die Weltbevölkerung wächst und benötigt immer mehr Nahrungsmittel. Oder der ebenso stark steigende Bedarf an Energie aus nachwachsenden Rohstoffen soll mit riesigen Plantagen gedeckt werden. Auch dies ist zunächst ein Gedanke, der vielen von uns durchaus einleuchtet.

Ausverkauf zu Schleuderpreisen

Die Landnahme des 21. Jahrhunderts ist aber häufig nichts anderes als ein Ausverkauf zu Schleuderpreisen und ein Ausverkauf der wertvollen Böden mit kaum erkennbaren Risiken – meist aber zu Lasten der einheimischen Bevölkerung. Nach einer Studie der Weltbank verfügte der „Agrarimperialismus" im Jahr 2010 über eine Anbaufläche von 65 Millionen Hektar. Das entspricht mehr als der gesamten Weizen- und Maisanbaufläche der USA.

Machen wir uns keine Illusionen, weder bei der Ausbeutung der Böden noch der der Menschen in den „ausverkauften" Regionen. Die Monokultur in weiten Teilen des gerodeten, fruchtbaren Amazonas-Hochlandes, in dem auf Hundertausenden von Hektar Zuckerrohr für Ethanol-„Biosprit" angebaut wird, ist für mich ein schlimmes Zeichen für Landzerstörung. Auf Borneo muss der Regenwald Palmölplantagen weichen, um Palmöl für unsere Küchen, Kosmetik und Biokraftstoff zu gewinnen. Im vergleichsweise kleineren Maßstab wird dieser Missbrauch auch bei uns in Deutschland betrieben, auf Brachlandflächen überwiegend in Nordostdeutschland. Dort wird Raps und Getreide angebaut und anschließend zu Ethanol raffiniert. Dies ist in mehrerlei Hinsicht fragwürdig: ökologisch, weil dadurch die CO_2-Bilanz nur geschönt wird, ethisch, weil wir wertvolles Getreide in Motoren verbrennen, und wirtschaftlich, weil wir hier nur ein staatlich garantiertes Monopol unterstützen, das wenigen Gesellschaften reichliche Subventionsgewinne ermöglicht.

Ein anderes, ähnliches Beispiel sind die Blumenfarmen in Äthiopien, Kenia und Indien, die auf fruchtbarem, aber bisher weniger intensiv bewirtschaftetem Ackerland betrieben werden. Die Blumen werden mit speziellen Frachtflugzeugen nach Europa transportiert, wo sie dann teilweise von Straßenhändlern verkauft werden. Ein cleveres Geschäftsmodell, gewiss, aber weder ökologisch noch sozial nachhaltig.

In vielen Ländern Osteuropas, vor allem in der Ukraine, in Rumänien und Bulgarien, in Litauen und in der Moldau-Republik, haben private, halbstaatliche und staatliche Agrarfirmen aus China und den arabischen Golfstaaten damit begonnen, Land aufzukaufen, Brachland, aber auch fruchtbares Ackerland, um es industriell zu bewirtschaften. Die Ernte wird in der Regel nach China oder in die Golfstaaten exportiert. Diese Form der „Export-Landwirtschaft" ist zunächst nicht verwerflich, weil sie letztlich auch Menschen in den investierenden Ländern zu Gute kommt. Aber Sie ist langfristig bedenklich, weil sie die Entwicklung in den „Leih-Ländern" behindert, und dort nachhaltige Arbeitsplätze eher zerstört als aufbaut.

Schuften für weniger als einen Euro pro Tag

Die Arbeiter auf den Farmen der Entwicklungsländer in Afrika, meist bisher arme Kleinbauern, die ihre Familien gerade ernähren konnten, schuften als Tagelöhner für 60 bis 80 Cent pro Tag, in der Regel weniger, als man ihnen und ihrer Regierung vorher versprochen hat, und meist auch weniger, als sie vorher als selbständige Bauern verdient haben. Vor allem reicht es oft nicht mehr, den Kindern eine Schulausbildung zu ermöglichen. Für mich ist das Neo-Kolonialismus in seiner schlimmsten Form. Bei Pachtraten von einem bis 30 € pro Hektar und Jahr (in Deutschland sind es durchschnittlich 15 000 €) sind die Gewinne der Investoren entsprechend groß.

Von nachhaltiger Bewirtschaftung ist auf diesen Monokultur-Großfarmen aber meistens wenig zu sehen. Im Gegenteil: Die ohnehin schon knappen Grundwasser-Reserven in vielen Ländern Afrikas und Südamerikas werden durch tiefere Brunnen noch schneller ausgebeutet. Zurück bleibt dann nach wenigen Jahren Intensiv-Monokultur ausgelaugtes, trockenes Brachland, das der Erosion preisgegeben ist und auf lange Zeit keinen Ertrag mehr bringt.

Landnahme und Ausbeutung gehören zu den Urthemen der Menschheitsgeschichte. Das Alte Testament erzählt uns, angefangen im Buch Genesis, zahlreiche Geschichten von Kämpfen um fruchtbares Land und von Völker- und Stammeswanderungen der Israeliten dorthin, „wo Milch und Honig fließen" (gemeint ist Kanaan, das Gelobte Land westlich des Jordans).

Das Buch Amos, 4–6 klingt in unseren Ohren ganz aktuell: *„Hört her, ihr Unterdrücker und Ausbeuter! Euer ganzes Tun zielt darauf ab, die Armen im Land zu ruinieren ... die Armen macht ihr zu euren Sklaven, auch wenn sie euch nur ein Paar Sandalen schulden."*

Die frühesten bekannten Hochkulturen, die der Ägypter und Babylonier, haben sich in den fruchtbaren Stromtälern von Euphrat und Tigris (dem heutigen Irak) und im Oberlauf und Delta des Nil (dem heutigen Ägypten) entwickelt. Kultur und Wohlstand entstehen und wachsen eben dort, wo Menschen sich ernähren und entfalten können.

Wenn wir aus der Geschichte lernen wollen, kommt auf die vielbeschworene internationale Völkergemeinschaft und die zuständigen Behörden der UN in den nächsten Jahrzehnten die dringende Aufgabe zu, für einen fairen Geber-Nehmer-Ausgleich in der Landbewirtschaftung zu sorgen und dabei sowohl die Souveränität von Staaten, als auch das Wohl ihrer Bevölkerung zu beachten. Denn, um die Frage „Wem gehört das Land?" zu beantworten: Es ist uns allen anvertraut, von Gott geschenkt.

Sind Megacities unsere Zukunft?

Meine Aufgaben als Abtprimas mit mehr als 24 000 Mönchen und Nonnen in 840 Klöstern weltweit halten mich im Jahr mehr als drei Monate auf Reisen rund um den Globus. Dabei lerne ich auch die großen Städte kennen – wir nennen sie heute Megacities: Mexico City, Sao Paulo, Shanghai, Seoul, Tokyo.

Megacities gab es bereits im Altertum, wenn auch nicht in unseren heutigen Ausmaßen. Babylon (das heutige Baghdad), Konstantinopel (das heutige Istanbul), Alexandria und Rom waren vor und nach Christi Geburt bereits multikulturelle Metropolen. Im Vergleich zu den Megacities unserer Zeit, wie Mexico City oder Shanghai, sind europäische Millionenstädte wie das heutige Rom oder München recht überschaubare, fast gemütlich zu bezeichnende Gemeinwesen. Sie sind über viele Jahrhunderte, teils sogar Jahrtausende gewachsen, mit reichen Zeugnissen ihrer Geschichte und einem historischen Zentrum. Ihre Kunstschätze und diese noch menschliche Dimension macht sie auch für Touristen so anziehend.

Schiere Größe statt sozialer Wärme

Megacities heute bringen nicht nur Vorteile für ihre Bewohner, wie Infrastrukturen für Versorgung, Verkehr und kulturelle Angebote. Sie zeichnen sich durch eine weltweit relativ gleiche Monumentalarchitektur, durch kaum geschichtliche Relikte und meistens mehrere Zentren aus. Mit ihrer wachsenden Größe ballen sich in ihnen auch soziale Gegensätze und Konflikte. Viele Metropolen sind durch ein starkes soziales Gefälle auf engstem Raum gekennzeichnet. Als Reaktion darauf ziehen sich Wohlhabende oft in die Außenbezirke oder in bewachte Viertel zurück. Die ärmeren Bewohner und viele neu vom Land Hinzukommende konzentrieren sich dagegen entweder in den Kerngebieten, den „Downtowns" der amerikanischen Städte, oder sie siedeln in Elendsvierteln, die sich wie ein Ring um viele Metropolen in den Entwicklungsländern schließen. In diesen Vierteln ist die Kriminalität meist hoch, die Infrastruktur schlecht oder kaum vorhanden – die Bevölkerung wird weitgehend sich selbst überlassen. In der Megalopolis Sâo Paulo mit 20 bis 22 Millionen Einwohnern – es gibt keine verlässliche Einwohnerstatistik – sah ich, wie sich die Favelas, die Hütten der Ärmsten, immer in der unmittelbaren Umgebung von Neubaugebieten bildeten, weil dort Wasser und Strom angezapft werden konnten. Wenn die Baustelle geräumt war, zogen sie weiter zur nächsten.

Das rasante Wachstum der großen Ballungsräume, die hohe Industriedichte und das Verkehrschaos verursachen auch dramatische Umweltprobleme: Die permanente Flächenversiegelung behindert den Niederschlagsabfluss und innerstädtische Grünflächen verschwinden zusehends. So entstehen Überschwemmungsgebiete und sich immer schneller wiederholende Umweltkatastrophen.

Das hohe Verkehrsaufkommen bringt nicht nur Staus und den zeitweilig totalen Kollaps des Verkehrssystems mit sich, sondern belastet auch die Umwelt: Die Abgase bilden über vielen Metropolen wie beispielsweise Los Angeles oder Mexico City eine regelrechte Dunstglocke. Die Menschen, die unter dieser Abgasglocke leben müssen, leiden sehr häufig chronisch unter Asthma, Hautkrankheiten und Migräne.

Ungenügende Kanalisation, besonders in den schnell anwachsenden Städten der Entwicklungsländer, führt zudem dazu, dass die Gewässer oft belastet und stellenweise schon biologisch tot sind. Geregelte und effektive Abfallentsorgung sind bei Millionenstädten ebenfalls oft ein Problempunkt: Platz und Geld für umweltgerechte Entsorgung oder Lagerung fehlt, als Folge entstehen wilde Deponien.

Kein Platz für Familien

Aus all diesen weltweit gleichen Problemen von Megacities stellt sich die Frage: Sind die Lebensbedingungen in derartigen Ballungsräumen noch menschengerecht, menschenwürdig? Dabei haben wir die soziologischen Aspekte noch gar nicht beleuchtet: Die Anonymität, die meist sehr beengten Wohn- und Lebensverhältnisse, welche die persönliche Entfaltung stark einschränken, die fehlenden Naherholungs-Zonen und vor allem das Fehlen von Spielraum für Kinder.

Weil Kinder in diesem von der Arbeits- und Erwerbswelt geprägten Kleinkosmos der Megacities eigentlich nicht mehr vorgesehen sind, sinkt die Geburtenrate dort teilweise sogar unter die chinesische Ein-Kind-Quote. Bei mehr als 60 Prozent Single-Haushalten, wie auch in europäischen Weltstädten üblich, ist das auch nicht verwunderlich: Eine Familie zu gründen, ist die Ausnahme von der Lebensregel, eine Art Luxus, der hinter den einfachsten Überlebenszwängen wie Essen und Schlafen zurückstehen muss. Menschengerecht, menschenwürdig?

Utopia, Gotham City, ein verspätetes „1984" frei nach George Orwell? Es ist bereits Realität. Die Erdbevölkerung von derzeit sieben Milliarden Menschen wird sich in den überschaubaren nächsten 20 Jahren immer mehr in Ballungsräume zurückziehen. Wenn die Vorhersage von UN-Habitat zutrifft, werden bis 2030 zwei Drittel der Erdbevölkerung in solchen Ballungsräumen leben. In China entstehen derzeit nach Peking, Shanghai, Hong Kong, Guangzhou und Shenzen drei weitere Megacities mit mehr als 10 Millionen Einwohnern. Manila auf den Philippinen, Mumbai in Indien, Lagos und Kairo in Afrika und Jakarta in Indonesien wachsen ebenso in diese Dimensionen. Städte ziehen die Menschen an und führen zur Landflucht.

Hunger nach Seelsorge

Seelsorgerisch stellen sich angesichts dieser Entwicklung vor allem Fragen, wie den Menschen in diesen Regionen religiös geholfen werden kann. Es ist eine gewaltige Aufgabe, die hier vor uns liegt, vor allem angesichts der Anonymität, der seelischen Belastungen und Nöte der Menschen. In diese Aufgabe schließe ich ausdrücklich sämtliche Kirchen und Glaubensrichtungen ein. In der südkoreanischen Metropole Seoul stand ich einmal vor der neugotischen Myeongdong-Kathedrale, vor 100 Jahren von französischen Missionaren erbaut. Sie hatte als eines der wenigen älteren Bauwerke den Krieg in den fünfziger Jahren überstanden und wirkte inmitten der gewaltigen Bürohochhäuser in der City seltsam verloren.

In der Kirche war ich überrascht, viele betende junge Menschen zu sehen, und mein Begleiter sagte zu mir: „Hier ist einer der wenigen Refugien in der Stadt, wo die gestressten Menschen noch Ruhe und Frieden finden können. Es sind nicht nur Christen, die hierher kommen." Dabei musste ich unwillkürlich an eine Begegnung in der

St. Patricks-Kathedrale in Manhattan denken, als mich eine Frau ansprach, die ein Beichtgespräch suchte. Die Suche, der Hunger nach dem Spiritus Loci, nach der Nähe zu Gott ist in allen Riesenstädten, ob New York oder Seoul, offenbar riesengroß.

Wenn viele Experten heute bereits von Megacities als „Risiko-Lebensräumen" sprechen oder gar Menetekel an die Wand malen, dann stellt sich die Frage, ob Riesenstädte menschengerecht sind. Gibt es Alternativen? Nicht, solange die Landflucht in vielen Ländern Asiens, Afrikas und Südamerikas anhält. Die Ursachen kennen wir: Armut, Kinderarbeit statt Schule, fehlende Arbeitsplätze, aber auch Umweltzerstörung. Viele Probleme von Megacities sind vielleicht technisch lösbar. Aber wenn der Mensch mit seinen geistigen Bedürfnissen in diesen Städten zu kurz kommt, können sie nicht unsere Zukunft sein.

3 Es gibt kein „Weiter so"

Der Abgrund, vor dem wir stehen

Wie wir die Zukunft betrachten und beurteilen, ist für jeden von uns eine vielschichtige Frage, die wir nach Alter, Stimmung, Lebenssituation, Informationsstand, Wissen und Veranlagung beantworten. Dabei kann sich unsere Sichtweise, unser Standort auch ändern. Deshalb gehe ich mit Prognosen in die Zukunft äußerst vorsichtig um. Auch wissenschaftliche Erkenntnisse sind den Zeitläufen unterworfen und müssen regelmäßig überprüft werden. So sind viele der ursprünglichen Annahmen des „Club of Rome" im Buch „Die Grenzen des Wachstums" aus den siebziger Jahren heute überholt, und zwar in beiderlei Richtungen.

Im Vorwort habe ich unsere Situation, unseren Standort bewusst so beschrieben: Wir stehen an einem Scheideweg. Wir haben zwar keine Zeit mehr zu verlieren, aber viele verhalten sich in dieser kritischen Lage seltsam lethargisch, fast teilnahmslos, als gäbe es kein Morgen. Es gilt aufzuwachen und sich der Verantwortung bewusst zu werden. Das gilt für Politiker ebenso wie für jeden von uns. Ich möchte dies unter den oben genannten Prämissen an zwei Beispielen präzisieren.

Die Klimaziele, eine Forderung an die Politik weltweit: Es stimmt bedenklich, dass wir mit dem Kyoto-Protokoll von 1997, der bisher einzigen weltweit verbindlichen Verpflichtung zur CO_2-Reduzierung, nicht so recht vorankommen. Immerhin: Es gibt Hoffnung nach dem letzten Weltklimagipfel im Dezember 2011 in Durban. Die Welt-Staatengemeinschaft will sich bis 2015 für alle – also einschließlich den USA, Chinas und Indien – verpflichtende Emissions- und Klimaziele geben, die dann ab 2020 umgesetzt werden sollen.

Forscher des Carnegie-Institutes aus dem kalifornischen Stanford sind in einer neuen Studie, die im Magazin „Science" veröffentlicht wurde, zu dem Ergebnis gekommen, dass der CO_2-Ausstoß der derzeit existierenden Emissionsquellen zu einer Erderwärmung um lediglich 1,3 Grad Celsius führen wird. Das größere Problem seien aber Kraftwerke, Fabriken, Häuser und Autos, die erst in Zukunft gebaut werden.

Die Börsenspekulation, eine Forderung an die Finanzpolitiker und Banker weltweit: Gut drei Jahre nach der weltweiten Finanzkrise von 2008, bei der vor allem private Anleger und Sparer ihr Vermögen verloren und die Banken mit Steuergeldern gestützt werden mussten, stehen wir im Jahr 2012 vor einer dauernden Krise des Euro, ausgelöst durch die zu hohe Staatsverschuldung von EU-Ländern wie Griechenland, Italien, Portugal und Spanien. Die Länder der Euro-Zone versuchen, durch einen Fiskalpakt für Haushaltsdisziplin und gegen weitere Verschuldung, und durch den mit Mitteln der Europäischen Zentralbank, also Steuermitteln, abgesicherten Europäischen Stabilitäts-Mechanismus (ESM) dagegen zu steuern. Großbritannien dagegen verweigert sich und verteidigt seinen Finanzplatz London. Diese Uneinigkeit ist allerdings kontraproduktiv, denn eine der Ursachen der Krise ist, wie bereits 2009, der Leerverkauf von Bankaktien und Staatsanleihen durch Spekulanten.

Spekulative Leerverkäufe funktionieren, einfach dargestellt, wie eine Wette: Anleger setzen auf fallende Kurse. Gegen eine geringe Gebühr leihen sie sich Aktien und verkaufen sie weiter. Geht ihre Wette auf, verkaufen sie die Aktien später wieder billiger zurück und geben sie dann an den Verleiher zurück. Den Kursunterschied kassieren sie dann als Gewinn. Eine weitere Kursspekulation besteht auch darin, mit einem „ungedeckten Leerverkauf" die Aktien gar nicht erst zu leihen, sondern sie zu verkaufen, ohne sie zu besitzen. Die Kurse selbst werden in der Regel durch gezielte Falschinformationen oder Indiskretionen heruntergetrieben, also manipuliert. Es wird also gewissenlos mit dem Sparvermögen vieler Menschen gepokert.

Diese Betrugsmanöver waren bereits seit Jahren bekannt. Erst nach den letzten Börsenstürzen im Juli und August 2011 wurden sie von sechs EU-Ländern verboten. Warum so spät? Realistischerweise müssen wir davon ausgehen, dass Spekulanten inzwischen neue Methoden finden, über Leermanövern an Vermögen zu kommen, für die andere, der Staat, wir, die Steuerzahler, aufkommen müssen, bevor sie dann als illegal erklärt werden.

Wir, als Bürger dieses Planeten, können immerhin der offensichtlichen Unfähigkeit unserer Politiker zuvor kommen, indem wir unsere eigenen Beiträge leisten.

Der Edelmüll eines krankhaften Konsumzwangs

Es gibt kein Gesetz, das uns zum periodischen Konsumzwang verpflichtet. Aber es gibt ein viel noch zwanghafteres, massenpsychotischeres Gesetz, dem sich viele von uns offensichtlich ganz und gar freiwillig unterwerfen. Jahr für Jahr kaufen wir Millionen von Musikplayern, digitalen Kameras und Mobiltelefonen – um sie dann, Jahr für Jahr, in den Müll zu werfen. „New every two – neue alle zwei (Jahre)" ist nicht nur der Slogan einer Mobilfongesellschaft, mit dem sie, wie viele andere, das Angebot unterbreitet, ein neues, subventioniertes Handy gegen einen für sie natürlich höchst rentablen Zweijahresvertrag einzutauschen. Genau so funktioniert der periodische Konsumzwang mit vielen anderen Gütern. Er beschreibt damit ein inzwischen weit verbreitetes Konsumverhalten: Nur sich nicht mit Produkten von gestern sehen lassen, immer „up to date" sein.

Sicher, wir sind aufgeklärte Verbraucher mit den besten Absichten, wenn es um Recycling, den Rohstoffkreislauf geht. Doch wir scheitern daran, dieses Versprechen einzulösen, vor allem, wenn es um modische, dem Zeitgeist unterworfene Produkte geht, vor allem elektronische. Die Phrase ‚Nachhaltiger Hersteller von elektronischen Produkten' wird dann zur Absurdität, wie ‚vegetarischer Viehzüchter'.

Müssen wir immer an der Spitze des Fortschritts sein?

Natürlich wissen wir, dass gerade die elektronische Industrie auf ständiger, kurzfristiger Innovation beruht. Sie ist, wie die Unternehmensberater zu sagen pflegen, der ‚Treiber' an der Spitze des Fortschrittes. Das iPhone, der iPod, oder das iPad, das wir heute kaufen, ist innerhalb eines Jahres veraltet. Taschenkameras, die heute gekauft werden, sind in spätestens sechs Monaten aus den Regalen verschwunden. Smart Phones mit Android-Betriebssystem: Jede Woche ein neues.

Ist der Fortschritt wirklich so rasant? Oder ist das geplante Überflüssigkeit? Wie auch immer: Wir sind als Verbraucher für diese Verschwendung von teuren Rohstoffen mindestens ebenso verantwortlich wie die Industrie. Sie versorgt ja nur ein gewisses, triebhaftes Konsumverhalten. Wenn es um scheinbaren Stil geht, um Status, ist vielen Konsumenten offenbar nichts zu teuer.

Natürlich wissen wir auch, dass in all diesen teuren Kultobjekten Edelmetalle und seltene Erden verbaut werden, die in Afrika oder Asien unter häufig menschenunwürdigen Bedingungen gewonnen werden. Wir wissen es, oder wir ahnen es, aber wir verdrängen es. In der Regel ist es uns egal. Wir folgen lieber dem Zug der Lemminge, der uns millionenfach, via Facebook oder Twitter, sogar dazu animiert, unsere intimsten Gedanken vor einem anonymen Massenpublikum preiszugeben. Neuerdings bietet Facebook seinen mittlerweile 800 Millionen „Usern" sogar die Möglichkeit, über „Lifeline" seine Lebensgeschichte ins Netz zu stellen. Damit kann jeder eine Art öffentlichen Striptease aufführen.

Sind wir Sklaven des Massenkonsums?

Spätestens hier stellen sich ethische Fragen: Verkaufen wir unsere Menschenwürde auf dem Markt? Sind wir die Protagonisten des Massenkonsums? Oder sind wir nicht vielmehr Getriebene einer scheinbaren Kommunikationsgesellschaft, in der wir nur noch als verwertbare Daten von Bedeutung sind? Begreifen wir, wie wir manipuliert werden? Gibt es Antworten, Lösungen auf diese existentiellen Fragen?

Ein amerikanischer Journalist hat diese Frage an Twitter-Teilnehmer gestellt – und 1,3 Millionen Antworten erhalten.

Quintessenz: ‚Wir sind, wir geben es zu, eine psychotische Gesellschaft, die ständig neues Spielzeug benötigt.' Es gibt zwar eine Minderheit, die dauerhafte, langlebige Produkte fordert, aber sie ist nicht ‚marktrelevant', wie der Autor feststellt. Immerhin: Viele meinen, der Verpackungsaufwand könnte reduziert werden.

Für Christen stellt sich uns angesichts eines offenbar krankhaften Konsumzwangs eine noch drängendere Frage: Die Frage nach der Freiheit, zu der wir berufen sind. Die Antwort kann eigentlich nur sein: Wir unterwerfen uns diesen Zwängen nicht. Unsere Pflicht ist es, nachhaltig zu handeln, verantwortungsvoll. Weil wir freie Menschen sind.

Mobil sein – ohne Reue

Ich muss gestehen: Wenn es um individuelle Mobilität und Nachhaltigkeit geht, bin ich befangen. Befangen deshalb, weil mich einerseits meine Aufgaben dazu zwingen, global mobil zu sein, und weil mir andererseits bewusst ist, dass Mobilität, vor allem bestimmte Formen der individuellen Mobilität, wegen ihrer umweltbelastenden Auswirkungen am Pranger stehen. Oft durchaus zu Recht. Was meine ausschließlich berufliche Mobilität betrifft, bin ich mir gewiss, dass unser Herr Jesus von Nazareth verständnisvoll auf meine Reisen blickt und sogar schmunzelt: Schließlich war er als Wanderprediger von einem Ort zum anderen in Judäa und Galiläa unterwegs.

Der Beitrag der Mobilität in der gesamten Umweltfrage erscheint ideologisch überfrachtet. Und zwar deshalb, weil die Mobilität – sprich der Verkehr zu Wasser, zu Lande und in der Luft – nach den Ermittlungen von internationalen Experten beileibe nicht allein verantwortlich, sondern nur zu einem Sechstel bis zu einem Fünftel an den weltweiten CO_2-Emissionen ursächlich beteiligt ist. Der Straßenverkehr wiederum, der besonders in der Kritik von Umweltschützern steht, ist global gesehen lediglich mit einem Zehntel Anteil für die schädlichen Emissionen verantwortlich. In Städten und Ballungsräumen allerdings liegt die verkehrsbedingte Schadstoffemission weit darüber. Man kann das in Städten wie Rom, Mumbai oder Peking riechen und spüren.

Trotzdem läuft eine einseitige Betrachtung der Ursachenbilanz ins Leere. Mobilität war und ist, mit Nachteilen und Unbequemlichkeiten aller Art verbunden, früher zu Pferde, heute mit Verbrennungsmotoren. Mobilität war aber auch, und ist heute mehr denn je, eine unverzichtbare Voraussetzung für Austausch, Begegnung und Wohlstand der Menschen. Gegen die Feinstaubbelastung in den Städten wurden den letzten Jahren Umweltzonen eingerichtet, Fahrverbote erteilt. Wer nachträglich Rußfilter einbaute, bekam eine „grüne Plakette". Trotzdem sind die Feinstaubkonzentrationen aller deutschen Messstationen seit 2010 in den Städten wieder gestiegen. Viele andere Faktoren wie Wind, Niederschlagsmengen, die Härte der Winter üben einen größeren Einfluss auf die Feinstaubkonzentration aus als die Autoabgase, wenngleich ohne Filter die Zahl der Rußpartikel durchaus höher lägen.* Die Reduktion der Ursachen auf eine einzige führt in Umweltfragen immer zu Ideologien. Das Klima ist eine viel zu komplexe Wirklichkeit. Ideologie bedeutet ja gerade, dass nur ein Faktor berücksichtigt wird, das größere Ganze außer Acht bleibt.

Dennoch gilt es, im Verkehr – zu Wasser, zu Lande und in der Luft – zu umweltverträglicheren Lösungen zu kommen, die unser aller Recht auf gesunde Atemluft durchsetzen helfen. Wir haben die Umweltprobleme durch den Verkehr jahrzehntelang ignoriert.

Die technischen Lösungen sind bereits verfügbar

Ohne technikgläubig zu sein: Ich vertraue hier auf die Fähigkeiten von Ingenieuren überall in der Welt, diese Lösungen zu entwickeln und zu verbrauchergerechten Preisen bald auf die Märkte zu bringen. Ich verfolge die technologischen Trends hin zu abgasarmen Motoren, seien es Hybrid- also elektromotorunterstützten Motoren, zu

---

* Vgl. FAZ, 11. 01. 2012, S. 9: „Die Ämter können den Feinstaub nicht einfangen."

verbrauchs- und abgasarmen Benzin- und Dieselmotoren, zu Elektroantrieben oder Brennstoffzellen mit großem Interesse. Erfreulicherweise werden diese Entwicklungen auch in den Industrienationen der Zukunft, in China und Indien, energisch vorangetrieben. Das Ziel ist, zumindest für den Straßenverkehr, die Null-Emission oder zumindest eine entscheidende Verringerung von Kraftstoffverbrauch und Schadstoffausstoß. Das ist dringend erforderlich, vor allem in den Städten und Ballungsräumen und im Hinblick auf die künftige Massenmotorisierung in China, Indien, Indonesien und in Afrika.

Technischer Fortschritt allein kann jedoch die notwendige positive Energiebilanz nicht schaffen: Sie bedarf auch der Veränderungen in unserem eigenen Mobilitätsverhalten. Damit meine ich, dass wir in Zukunft nicht mehr sorglos jeden Weg, vor allem kurze Strecken, mit dem Automobil werden zurücklegen können. Dafür werden schon reine Zwangs- oder Vernunftgründe sorgen, wie ständig steigende Kraftstoffpreise und verstopfte Autobahnen.

Seit dem Jahr 2000 haben sich die Preise für Benzin und Diesel in Europa mehr als verdoppelt. Haben wir uns dieser Entwicklung angepasst? Zähneknirschend ja, werden Sie vielleicht sagen. Aber: Werden wir das auch noch sagen können, wenn sich die Kraftstoffpreise in den kommenden fünf Jahren noch einmal verdoppeln? Oder werden, müssen wir reagieren, vielleicht auf ein kleineres Auto mit geringerem Verbrauch umsteigen? Werden, müssen wir vielleicht Abschied nehmen von dem Prestige, das uns eine bestimmte Marke, eine bestimmte Fahrzeugkategorie vermittelt?

Oder werden wir unsere Mobilität vielleicht anders organisieren? Werden wir vielleicht ganz auf ein eigenes

Automobil verzichten, das ohnehin nur an 25 Tagen im Monat in der gemieteten Garage steht und nur Leerkosten verursacht? Werden wir uns vielleicht mit Car-Sharing anfreunden, einem Modell der gemeinschaftlichen Nutzung von Automobilen? Oder vielleicht reichen für unsere Mobilitätsbedürfnisse auch ein gelegentliches Taxi oder ein Mietwagen? In vielen großen Städten gibt es auch gut organisierte Mitfahrzentralen, die billige Transportmöglichkeiten bieten.

Bei Studenten und Pendlern ist es durchaus üblich, dass diese Mitfahrangebote genutzt werden. In Zukunft wird, vor allem bei jungen Menschen, nicht mehr der Besitz, sondern die Nutzung, der Nutzwert von Mobilität, im Vordergrund stehen. Die individuelle Mobilität, eine Errungenschaft des vergangenen Jahrhunderts, die uns allen geholfen hat, unseren Horizont, unseren Wirkungskreis zu erweitern, hat viele Aspekte, nicht nur den ökologischen, sondern auch den soziologischen, gesellschaftlichen. Sie ist eben auch ein Stück persönlicher Freiheit. Wir sollten sie also nicht zu eng sehen und sie für alle Klimaprobleme in Schutzhaft nehmen. Wir sollten vielmehr auch hier verantwortlich handeln. Das kann bedeuten, dass wir für den kurzen Weg zum Bäcker das Auto auch einmal in der Garage lassen, zumindest bei schönem Wetter.

Wir erkennen mehr und mehr von selbst die Grenzen der individuellen Mobilität, nicht nur, wenn wir im Stau stehen. Und wir lernen daraus, dass die Wahl des jeweils richtigen Verkehrsmittels, sei es Automobil, Bahn, Bus, Flugzeug oder Schiff, auch ihren vernünftigen Reiz hat.

Energie sparen und intelligenter nutzen

Wir sind als Menschen ein Teil der Natur, die Gott geschaffen hat. Ehrfurcht vor der Schöpfung und ihre Bewahrung sind daher für uns Mönche zentrale Anliegen. So trägt Benedikt von Nursia in seiner Regel dem Cellerar (dem Verwalter des Klosters) auf: „Alle Geräte und den ganzen Besitz des Klosters betrachte er als heiliges Altargerät." Achtsam sollen wir umgehen mit den Dingen, die uns anvertraut sind, sie bewahren für spätere Generationen. Unsere nachhaltige Lebensweise ist uns mit der Benediktregel quasi als Handlungsgrundlage mitgegeben worden.

In der allgemeinen Wahrnehmung verdichtet sich die Vorstellung vieler Menschen beim Begriff Nachhaltigkeit auf das Einsparen von Energie: Wir sollen weniger Energie verbrauchen, um die CO_2-Emissionen in unserer Luft möglichst zurückzuführen. Also Stromsparen im Haushalt, bei Lebens- und Verbrauchsmitteln, Ölsparen beim Heizen, Benzin- oder Dieselsparen beim Autofahren …

Jeder macht nach seinen Möglichkeiten beim Energiesparen mit. Schließlich sind wir Deutsche ja auch die ersten, die auf Atomstrom verzichten. Aber ich meine: Was hilft das, wenn der Rest der Welt weiterhin Energie im großen Stil verschwendet? Wir müssen uns nur die riesigen Einkaufscenter, die Shopping Malls, in den USA, in Dubai oder Singapur vor Augen halten, in denen die Temperaturen auf 18 Grad herunter gekühlt werden, damit das Publikum dort länger verweilen und Geld ausgeben kann. Die Fußball-Weltmeisterschaft 2022 in Katar soll, angesichts der dort vorherrschenden Hitze von 40 Grad im Schatten in geschlossenen, klimatisierten Stadien ausgetragen werden. Welch ein Wahnsinn, welche Verschwendung! Hier stellt sich die Frage, was in zwanzig, dreißig Jahren aus solchen Denkmälern der Verschwendung werden soll, wenn die Petrodollars einmal nicht mehr fließen? Und wir in Europa sollen die Welt mit neuen Energiesparlampen retten, die sich bei näherem Hinsehen bei der Entsorgung wegen des Quecksilbergehalts als problematisch erweisen?

Natürlich sind diese kleinen Beiträge alle richtig, aber aufs Ganze gesehen zu kurz gedacht. Energie in jeder Form ist für unser Leben unverzichtbar, und selbstverständlich müssen wir mit Energie sparsam und verantwortungsbewusst umgehen. Das sollte uns schon die Kostenvernunft lehren, denn Energie gibt es bekanntlich nicht gratis. Im Gegenteil: Allein die Preise für Mineralöl-Kraftstoffe haben sich seit dem Jahr 2005 nahezu verdoppelt, wie jeder Autofahrer an der Tankstelle leidvoll erfährt.

Bevor wir jedoch den Blick aus der Gegenwart in die Zukunft richten, sollten wir uns bewusst machen, dass unsere Energie- und Umweltprobleme hausgemacht sind. Alles, was heute für uns so selbstverständlich ist – das Licht anknipsen, den Herd oder den Computer einschalten, den Motor im Auto starten, all das war vor 100 Jahren entweder noch nicht möglich oder unbekannt oder ein Privileg weniger. Die individuelle Massenmobilität mit dem Automobil gibt es erst seit 50, 60 Jahren, und PCs waren vor 25 Jahren noch ebenso selten wie unförmig. Unsere junge Generation ist die erste, die im elektronisch-digitalen Zeitalter aufwächst.

Wir müssen uns die neuen Umwelttechnologien zunutze machen

Dass diese ungeheuer schnelle Entwicklung den Energiehunger der Welt ins Unermessliche gesteigert und uns damit zugleich mit ganz anderen, neuen Problemen wie dem spät erkannten Klimawandel konfrontiert hat, ist eine ganz neue Aufgabe, die wir in Zukunft bewältigen müssen.

All das ist uns so bewusst wie die Realität, dass wir das Rad der Geschichte nicht zurückdrehen können auf die angeblich so gemütliche und umweltschonende Zeit anfangs des 20. Jahrhunderts. In meinem Kloster St. Ottilien gingen wir damals, Ende des 19. Jahrhunderts, notgedrungen mit der Zeit, indem wir nahezu zeitgleich mit der Gründung unserer Erzabtei auch ein kleines E-Werk zur Eigenversorgung des Klosters in Betrieb nahmen, versorgt mit dem Wasser des kleinen, zwei Kilometer entfernten Flüsschens Windach.

Ich erinnere mich noch an unsere Transformatorenstation im Kloster mit unserem Bruder Bonifaz in seinem Reich der riesigen Blei-Akkumulatoren, die nach Schwefelsäure stanken. Nostalgie. Heute betreiben wir außerhalb unserer Klostermauern ein hochmodernes Heizkraftwerk, das ausschließlich mit nachwachsenden Stoffen wie Biomasse, Holzabfällen sowie Methangas und Biogülle aus den gegenüberliegenden Ställen betrieben wird, und das den Energiebedarf des Klosters nicht nur deckt, sondern auch Ökostrom ins öffentliche Netz einspeisen kann.

Auch in der Energieversorgung erhalten wir uns hier gern unsere traditionelle Autarkie und sind davon überzeugt, dass eine dezentrale Energieversorgung vor Ort der richtige Weg dahin ist. Denn Autarkie bedeutet Unabhängigkeit, Freiheit auch von falschen Zwängen des Marktes.

Ich meine, die Politik sollte der dezentralen Versorgung mit Energie nicht zuletzt aus diesem Grund Vorrang vor einem weiteren Ausbau von umweltschädlichen Kohlekraftwerken geben. Die Katastrophen der zerstörten Kernkraftwerke in Tschernobyl und im japanischen Fukushima und ihre Folgen haben uns in dramatischer Weise vor Augen geführt, dass diese gefährliche Technologie nicht nur ganze Landstriche, sondern auch ganze Länder und ihre Menschen in Unglück und unermessliches Leid stürzen kann. Der Ausstieg der Bundesregierung aus dieser Technologie bis zum Jahr 2021 ist ein erstes, richtungweisendes Zeichen der Umkehr in der Energiepolitik. Es steht zu hoffen, dass dieses Handeln in vielen Ländern, nicht nur ringsum in Europa, bald Nachahmer finden wird. Es wäre für uns alle fatal, wenn die Katastrophen von Tschernobyl und Fukushima nicht beachtet würden. Jede verantwortliche Politik, welche diese Risiken ausschließt, muss aus dieser Technologie so schnell als möglich aussteigen.

Stattdessen müssen die erneuerbaren Energien aus Windkraft, Photovoltaik (Sonne), Erdwärme und Biomasse viel stärker gefördert werden. Wenn ihr Anteil von derzeit knapp 21 Prozent bis 2020 verdoppelt wird (was der Zielsetzung der Bundesregierung entspräche), sparte unsere Volkswirtschaft jährlich gut 30 Milliarden Euro (nach Preisen im August 2011) für den Import umweltschädlicher fossiler Brennstoffe. Mit dieser Summe könnte man viel Positives bewirken, beispielsweise für Bildung und Forschung und für soziale Leistungen. Ob wir allerdings deshalb bedenkenlos unsere Landschaftsbilder mit Windrädern total verschandeln müssen, steht auf einem anderen Blatt. Vor wenigen Jahren galt Landschaftsschutz noch als hoher Wert, und in den 50er und 60er Jahren des vorigen Jahrhunderts wurde gegen den Bau von Autobahnen demonstriert, weil sie angeblich unsere Landschaft beeinträchtigen. Nicht zu reden von dem Müll, der einmal von den veralteten Solaranlagen anfallen wird. Warum müssen wir immer uns ideologisch auf einen Weg festlegen? Warum nicht auch die Forschung anderer Möglichkeiten fördern? Gleichwohl ist Energiesparen ein Gebot nicht nur der Wirtschaftlichkeit und des Umweltschutzes, sondern auch der Bewahrung des Friedens. Was hat Frieden aber mit Energiesparen zu tun?

Energiesparen dient auch dem Frieden

Energie ist heute ein Machtfaktor. Wegen der knapper werdenden Öl- und Gasreserven kommt es zu Kriegen, wie im Irak. Außerdem sind wir durch unsere Öl- und Gaslieferanten erpressbar. Und wegen der Abhängigkeit vom Atomstrom war und ist auch der innere Friede ständig bedroht, wenn wir an den Dauerkonflikt um die atomaren Endlager denken.

Der einzig richtige und erfolgversprechende Weg aus dem Dilemma kann deshalb nur sein: Energiesparen, wie und wo wir nur können, und gleichzeitig erneuerbare Energien weiter fördern, sie nutzen und ihnen zum Durchbruch verhelfen. Viele Anzeichen sprechen dafür, dass wir hier bereits auf einem guten Weg sind.

In die Zukunft bauen

Wie wichtig dezentrale Energieversorgung ist, habe ich bereits gesagt. Entscheidend ist aber auch das Energiesparen. Energie zu sparen ist nicht nur vernünftig, es dient nicht nur dem Frieden. Es trägt darüber hinaus auch ein Gutteil zu unserer Lebensqualität bei. Weniger Energie zu verbrauchen und gleichzeitig gesünder zu leben, darum geht es.

Nehmen wir als Beispiel die Wohnqualität. In der Art und Weise, wie wir den Lebensraum „Wohnen" gestalten und nutzen, liegt unsere größte Energiesparreserve. Wie wir wohnen und leben, das wird in Zukunft – in noch viel größerem Maße als das heute bereits der Fall ist – zur Lösung der Frage beitragen, ob wir die unerlässlichen Klimaziele erreichen.

Es gibt gute Gründe, warum die Bundesregierung den Klimaschutz im Gebäudebereich steuerlich fördert. Denn hier ist viel mehr Energie-Effizienz zu erreichen als beispielsweise im Verkehrsbereich. Nach dem Umweltbericht der Bundesregierung konnte der Endenergieverbrauch für die Raumwärme von privaten Haushalten zwischen dem Jahr 2000 und 2009 um ein Fünftel reduziert werden. Dies obwohl gleichzeitig die Wohnfläche um sieben Prozent gestiegen war. Und die Energieeinsparungsverordnung aus dem Jahr 2009 erhöht die energetischen Anforderungen an Neubauten und bei der Modernisierung von Altbauten um weitere 30 Prozent. Die Tendenz stimmt also: Häuser und Wohnungen ohne Energiepass werden damit hoffentlich bald der Vergangenheit angehören.

Das Haus der Zukunft, liest man, wird zum Kraftwerk, das seine Energie selbst herstellt. Eine faszinierende Aussicht: Ein Energieschlucker wird zum Stromproduzenten oder zumindest zum Null-Energie-Haus. Wenn es dann noch von wirklichen Energiesparlampen beleuchtet werden wird, nicht von Leuchtstofflampen, die wegen ihres Gehalts an giftigem Quecksilber keineswegs nachhaltig sind, ist schon viel gewonnen, ja besser noch: eingespart. Im Nullenergie- oder Passivhaus soll man eine Heizung übrigens nur für Notfälle benötigen, für wirklich kalte Wintertage. Für alles andere gibt es eine Lüftungsanlage, die auf Wunschtemperatur eingestellt wird. Die Wärme wird dann aus Photovoltaik sowie aus der Abwärme gewonnen, die überall im Haus entsteht, wie durch Geräte, Leuchten, sowie aus der Körperwärme der Bewohner.

Was für manche vielleicht utopisch klingt, ist in meinen Augen allerdings gar nicht so revolutionär: Die Mönche besaßen ein in Jahrhunderten gewachsenes Wissen über nachhaltige Bautechnik und natürliches, gesundes Raumklima. Unsere Kirchen und Kreuzgänge wurden bereits im frühen Mittelalter durch eine einfache Befeuchtungstechnik im Sommer wie im Winter gleichsam klimatisiert und bei nahezu konstanten Temperaturen gehalten. Aus diesem Wissen heraus erklärt sich übrigens auch der oft erstaunlich gute Bauzustand gotischer Kathedralen. Von der Behandlung des Baumaterials, meist Naturstein, bis hin zur Lichtführung sind diese Bauwerke architektonisch durchdacht und für Jahrhunderte geschaffen.

Auch hatten die Mönche früher durchaus das natürliche Bedürfnis nach einem Raumklima, das ihnen das Leben erleichterte. So gab es in vielen Klöstern bereits im Mittelalter eine Art Vorläufer der Zentralheizung: von einem Raum im Parterre, in der Regel von der Küche aus, wurden Speisesaal und Schlafsaal mit warmer Luft temperiert.

In diesem Zusammenhang noch ein Blick auf den sozialen Aspekt des Bauens, der wieder zunehmend an Bedeutung gewinnt. Viele fortschrittliche Architekten widmen sich heute der Aufgabe, den Wohnungs- und Städtebau mit der natürlichen und nachhaltigen Nutzung der Ressourcen und dem bestmöglichen Einsatz regenerativer Energie zu verbinden. Das Freiburger Architekturbüro Frey etwa hat mit dem Modell der „Green City Freiburg" und weiteren international realisierten Projekten eine Vorreiterrolle in dieser Bewegung übernommen. So stellte das Büro auf der Expo 2010 in Shanghai der Weltöffentlichkeit Beispiele *„best practice ... nachhaltiger Architektur und Stadtentwicklung"* als ganzheitlichen und innovativen Ansatz vor, der den Menschen wieder in den Mittelpunkt architektonischer Gestaltung rückt.

Freys Architektur und die von ihm geschaffenen sozialen Netzwerke und Finanzierungsmodelle zeugen von einem nachhaltigen Ansatz: Es geht dabei auch um ein sozial engagiertes Miteinanderleben – so, wie es die Bürger einer Stadt bereits vor Jahrhunderten praktizierten. Der Blick in die Vergangenheit wird zukunftsweisend.

Recycling im Kleinen wie im Großen – jeder kann mitmachen

Wann immer nachhaltiges Handeln gefordert wird, steht jeder Einzelne von uns in der Pflicht. Jeder kann jeden Tag seinen Beitrag leisten, und sei er noch so bescheiden. Daraus erwächst dann eine Art gemeinsames Bewusstsein, keiner ist allein in seinen Anstrengungen, auch nicht in seinen Opfern. Und die Summe ist letztlich größer als die Zahl ihrer Teile. Wie aber steht es um die Verantwortung im Großen, bei den Unternehmen?

„Recycling" ist ein Modewort in der Wirtschaft geworden, ihr Ideal die Kreislaufwirtschaft, die aus unbrauchbar gewordenen Produkten wieder Wertstoffe entstehen lässt. In den meisten Leitbildern von Unternehmen (meist in Business-Englisch als „Corporate Behaviour" oder „Code of Conduct" bezeichnet) steht Recycling heute als wichtiger Teil ihrer Kultur und als eines ihrer Ziele festgeschrieben. Dahinter steht ein durchaus berechtigter Eigennutz, denn Rohstoffe sind auch als Sekundär-Rohstoffe noch Wertstoffe, aus denen sich wiederum Produkte herstellen lassen. Papier, Pappe, Metalle, vor allem Leicht- und Edelmetalle, Glas, Gummi, Kunststoffe, alles lässt sich oft mehrfach wieder verwenden, und kaum ein Käufer wird daran etwas aussetzen. Alte Autos können heute zu 95 Prozent wieder verwertet werden.

Nachhaltiges unternehmerisches Handeln und gesellschaftlicher Anspruch auf Schutz von Ressourcen gehen hier also eine ideale Verbindung ein – vorausgesetzt, es handelt sich nicht nur um Lippenbekenntnisse. „Tue Gutes und rede darüber" ist gerade in der Kreislaufwirtschaft eine häufig benutzte Alibiformel für Banalitäten, wie der Geschäftsbericht, der auf chlorfreiem, aber teuerglänzendem Recyclingpapier gedruckt wird.

Mitmachen ist eine Art Volkssport geworden

Klappern gehört eben auch zum Handwerk der Umweltschützer. Dennoch ist es eine erfreuliche, ermutigende Entwicklung, dass wir nach drei Jahrzehnten gedankenloser Wegwerfgesellschaft wieder lernen, den Wert der Dinge zu erkennen. Wir sind ja durchaus begeisterungsfähig für Mülltrennung und Wiederverwertung, wofür die hässlichen, aber sinnvollen gelben, grünen und braunen Tonnen allerorts nicht nur symbolisch stehen. Andere Länder wie die Schweiz haben ästhetisch bessere Lösungen gefunden. Es ist ebenso ein großer Fortschritt, dass wir sogar aus dem nicht mehr verwertbaren Müll noch etwas Wertvolles gewinnen, nämlich Energie. Der Grund für diesen Wandel zum Positiven ist übrigens ganz einfach: Es ist wieder profitabel geworden, Gebrauchtes, Verbrauchtes zu verwerten. Es ist ein Milliardenmarkt. Und es macht ja Sinn, teures Kupfer, das sonst wieder aus Chile oder der Mongolei importiert werden müsste, im eigenen Land wieder zu gewinnen.

Industriell genutzt, lässt Recycling viel Raum für unternehmerisches Handeln. Ein gutes Beispiel dafür ist der indische Stahlmagnat Lakshmi Mittal, dessen Familie damit begann, alte Schiffe abzuwracken und den daraus gewonnenen Stahl wieder zu verhütten. Heute ist die Gruppe ArcelorMittal Steel nach der Übernahme der französisch-luxemburgischen Arcelor der größte Stahlproduzent weltweit. Dabei war Recycling, lange bevor es diesen Begriff gab, als Altmaterialverwertung schon ein gutes Geschäft. Die Älteren erinnern sich sicher noch an die ambulanten Alteisen- und Altpapiersammler, die mit ihren Karren über die Dörfer zogen und mit bimmelnden Glocken all das abholten, was sich noch zu Geld machen ließ.

Vom Alteisensammler zum Emissionshändler

Bei uns Mönchen hat die Wiederverwertung aller Güter, die wiederum einem Zweck zugeführt werden können, ohnehin eine jahrhundertelange Tradition: Wir werfen nichts weg, ohne zu prüfen, was wir noch daraus machen können. Die sprichwörtlichen Schuhsohlen aus Autoreifen sind dafür ein beliebtes Beispiel, aber nur eines von vielen. Wenn allerdings unsere Handwerker Mitte des vorigen Jahrhunderts noch mühsam Nägel wieder gerade schlugen, war das keineswegs wirtschaftlich.

Recycling und Müllvermeidung als wichtiger Beitrag zur CO_2-Reduzierung sollen sich als Geschäftsmodell bald noch mehr lohnen: Nach dem Kyoto-Protokoll der Vereinten Nationen wird ab 2013 ein geringerer CO_2-Ausstoß als im Protokoll verbindlich vereinbart in Form von Emissions-Zertifikaten abgerechnet werden können. Der Emissionshandel mit diesen Zertifikaten verspricht dann den Ländern und auch den Unternehmen, die ihre CO_2-Werte unterschreiten, nachhaltig gute Geschäfte.

Für ein rohstoffarmes Land wie Deutschland wird die Kreislaufwirtschaft immer wichtiger, um auf den Weltmärkten konkurrenzfähig zu bleiben. Wir leben vom Export, von der Veredelung von Rohmaterialien, die wir wiederum teuer einführen müssen. Das ist der volkswirtschaftliche Aspekt. Wir müssen jedoch auch andere Sichtweisen im Auge haben. Wir dürfen nicht weiter dazu beitragen, die Rohstoffreserven anderer Länder auszubeuten.

Wir entziehen diesen Ländern mit diesem Verhalten keineswegs die Grundlage ihrer Existenz. Recycling geht auch sie an. Abgesehen davon, dass dies nicht einmal die halbe Wahrheit ist, denn die Rohstoffe dieser überwiegend sehr armen Länder werden meist von Gesellschaften ausgebeutet, die ihren Sitz und ihre Aktionäre in den wohlhabenden Ländern haben – es geht nicht an, dass wir deren oft einziges Kapital in wenigen Generationen sinnlos verschwenden. Die Ölvorräte in Nordafrika und auf der arabischen Halbinsel werden in 20, 30 Jahren erschöpft sein. Was geschieht dann mit den großen Städten in der Wüste, was wird vor allem aus den Menschen, die jetzt in völliger Abhängigkeit von den Öleinnahmen leben?

Nach dem Gesetz von Ursache und Wirkung werden wir uns auf eine Kreislaufwirtschaft einstellen müssen. Wie alles unter Gottes Sonne ist diese Art des nachhaltigen Wirtschaftens schon einmal da gewesen. Heute ist sie aktueller denn je.

4 Freie Menschen oder Konsumsklaven?

Wollen wir wirklich wie die Lemminge sein?

Seit ich meine ersten Ordensgelübde abgelegt habe, trage ich unseren schwarzen Benediktinerhabit. Er ist das äußerliche Zeichen unserer Zugehörigkeit zum Orden, eine Art Markenzeichen, zu dem man auch Uniform sagen könnte, nur ohne Rangabzeichen.

Wir tragen unser Gewand nicht, weil wir dazu gezwungen würden, sondern freiwillig und mit einem gewissen Stolz. Er ist überdies praktisch, leicht an die Jahreszeiten und die Lebensbedingungen anpassbar, und er enthebt uns aller Kleidersorgen. Außerdem bewirkt er in der Gemeinschaft eine soziale Gleichheit.

Wir sind also, wenn wir das Kloster verlassen, umgehend zu identifizieren. Draußen, vor den Toren unserer Klöster, sehen wir ja nicht nur unsere Mitbrüder und Mitschwestern, sondern auch das, was man gerade so trägt, was in Mode ist.

In letzter Zeit fällt mir auf, dass die Kapuze wieder zu Ehren kommt, die wir Benediktiner bei unserem Skapulier, dem Schulterüberwurf, bei schlechtem Wetter und auch im Winter durchaus zu schätzen wissen. Nur wird die Kapuze heute als modisches Accessoire von jungen Männern auch an schönen Tagen über den Kopf gezogen.

Bei den hautnah getragenen Jeans der Mädchen kann ich nur staunen, welche sportliche Leistung vonnöten ist, sie an- und auszuziehen, aber auch darüber, welcher Unbequemlichkeit sie sich beim Tragen aussetzen. Offenbar einig sind sich Jungen wie Mädchen bei den offen getragenen Turnschuhen. Auf Schuhbänder, die mühselig oder gar nicht geschnürt werden müssten, wird oft gänzlich verzichtet.

Mir geht es bei derartigen Äußerlichkeiten aber weniger um modische Geschmacksfragen. Die alten Römer sagten: „De gustibus non est disputandum – über Geschmacksfragen soll man nicht diskutieren", wiewohl hier, aus meiner etwas konservativen Sicht der Dinge, die Grenzen des guten Geschmacks oft überschritten werden.

Mir geht es um das Phänomen des Konformismus im Schafspelz des eigentlich angestrebten Individualismus. Dieses Phänomen ist nach meinen Beobachtungen weltweit verbreitet, vor allem in den wohlhabenden Ländern der alten Welt und in Nordamerika.

Konformismus ist die hohe Schule der Manipulation

Dieser offensichtliche Zwang zur Gleichheit in Kleidungs- und Ausstattungssachen, bis hin zum Handy und zum Auto, hat etwas Tragikomisches an sich. Alle, die sich davon anstecken lassen, wollen ja eigentlich das Gegenteil signalisieren: Schaut her, ich kann mir das gleiche leisten wie mein(e) Mitschüler(in) oder mein(e) Nachbar(in): Ich bin up-to-date, ich bin dabei, kann mitreden: Ich bin in.

Ein Marketingexperte aus der Automobilindustrie hat mir einmal erzählt, dass man bestimmte Auto-Modelle gewissen Berufsgruppen zuordnen kann, wie Anwälten, Unternehmensberatern und Ärzten. Bei Lehrern an höheren Schulen hatte die schwedische Marke Saab einmal einen achtfach höheren Marktanteil als in allen anderen Berufen. Das hat mich fasziniert, obwohl ich nach wie vor nicht verstehe, warum dies so ist.

Dieser Konformismus im Konsumverhalten, so praktisch er offensichtlich für die Marketingexperten ist, hat für mich aber auch etwas Bedrückendes. Er ist für mich wie ein moderner Zug der Lemminge: alle in dieselbe Richtung, bis hin zum Abgrund. Er zeigt mir, wie manipulierbar wir sind, welche Zwänge wir auf uns nehmen, nur um so zu sein, zu scheinen, wie Frau Bauer und Herr Schneider nebenan. In Reihenhaussiedlungen, genauer gesagt in den Garagen dieser Siedlungen, ist dieses Phänomen ebenfalls weit verbreitet: Wo die gehobene aktuelle Mittelklasse die Siedlungsstraße beherrscht, sind der Fahrer des Fiat Panda oder die Fahrerin des Golf III Baujahr 1995 eher Außenseiter mit dem Makel: Verpesten mit ihrer Euro 2-Norm auch noch unsere Luft.

Wir schmunzeln vielleicht über solches Verhalten, derartige Konsumphänomene. Es wäre vielleicht ganz gut, wenn wir unsere letzten größeren Anschaffungen rekapitulierten, ob wir nicht selbst auch manchmal von diesem „Lemming-Virus" befallen sind.

Es ist aber keineswegs nur die Nörgelei eines alternativ-bedürfnislosen Mönches an den Konsumgewohnheiten unserer Zeit, die mich zu diesem Thema bewegt. Als Mensch dieser Zeit weiß ich von der Notwendigkeit, den wirtschaftlichen Kreislauf in Schwung zu halten. Im Übrigen: Auch unsere Klöster sind selbsterhaltende, autarke Wirtschaftsbetriebe, die sich etwas einfallen lassen müssen, um ihre Aufgaben für die Gemeinschaft und viele Mitarbeiter erfüllen zu können.

Mein Anliegen, das sich wie ein roter Faden durch dieses Buch zieht, ist ein anderes: Es geht mir um die Freiheit des Einzelnen, ein selbstbestimmtes Leben in Eigenverantwortung, das allerdings die Verantwortung für das Ganze miteinschließt.

Wer, wie viele von uns, mit Sorge beobachtet, wie unser Konsumverhalten in eine Form der Selbstversklavung abgleitet, die uns der Freiheit beraubt: Wer erlebt, wie erfolgreich versucht wird, die Menschen von Kindheit an unter massivem Einfluss kommerzieller Medien zu leicht manipulierbaren Konsummenschen zu erziehen, der kann nicht einfach schweigend mitmachen.

Wenn Medienkonsum lebensfeindlich wird

Manchmal könnte man, frei nach Wilhelm Busch, seufzen: „Ach, wie war es ehedem, mit den Medien so bequem: Man hatte, um sich auf dem Laufenden zu halten, eine Tageszeitung, ein Radio, dann ein Fernsehgerät ..."

Heute haben wir zu alledem noch das Internet mit seinen permanent zugänglichen Möglichkeiten, den Blogs, Books, Podcasts und wie sie alle heißen. Die erstaunlich hohen – freiwilligen – Mitgliederzahlen beispielsweise von Facebook weisen auf ein doppelseitiges Phänomen hin: Das ungeheure Mitteilungsbedürfnis vieler Millionen Teilnehmer in diesen „social blogs" einerseits und die dahinter sichtbare Einsamkeit ebenso vieler an ihren Computern.

Fluch oder Segen? Auf Schwarz-Weiß-Malerei lässt sich diese wohl umwälzendste Innovation in unserem Leben in den vergangenen 20 Jahren nicht reduzieren. Zu ihren Symptomen gehört, dass sie global stattfindet, über alle Grenzen hinweg. Auch die Kirchen, die Orden, die Gemeinden bedienen sich des Internets zur Verbreitung der Frohen Botschaft Jesu und der Information ihrer Gläubigen. Das ist zweifellos ein Segen. Ich selbst arbeite seit mehr als 20 Jahren mit Computern und kann mir gar nicht vorstellen, wie ich meine tägliche Korrespondenz ohne E-Mails noch bewältigen sollte. Meist ginge es wohl nur spät in der Nacht, wenn die Sitzungen und Besprechungen vorbei sind. Fluch oder Segen?

Das Internet – eine Wissens-Ersatzbank?

Die Informationsflut, die uns das Internet über Suchmaschinen zugänglich macht, ist ähnlich ambivalent: Einerseits ein Segen für alle, die Informationen suchen, rasch eine Frage klären müssen, andererseits eine allzu bequeme Methode, auf komplexes Nachdenken zu verzichten. Wissen ist praktisch per Mausklick abruf- und verfügbar – wenn man die richtigen Fragen stellt, die richtigen Suchbegriffe aufruft. Je nach Präzision der Fragen oder der Suchwörter erhält man dann von Google, Yahoo oder Wikipedia oft eine schier unendliche Liste von Artikeln, Begriffen und anderen Quellen, die erst einmal ausgewählt werden müssen. Welche sind relevant oder irrelevant? Häufig sind diese Listen von der Priorisierung her auch manipuliert – die Rang- und Reihenfolge hat dann wenig zu tun mit der sachlichen Qualität der Informationen. Es gibt inzwischen bereits spezielle, bezahlte Agenturen, die Webseiten durch permanente Abrufe nach oben pushen. Die Abrufe selbst sind in der Regel kostenlos, aber keineswegs umsonst: Wir geben als Gegenleistung unsere Interessen preis und sollten uns nicht wundern, dass wir beispielsweise von Amazon immer wieder Angebote erhalten, wenn wir einmal eine CD eines bestimmten Künstlers gesucht oder bestellt haben.

Spätestens bei der Sichtung der Datenflut auf eine Netz-Abfrage aber stellt sich oft ein Problem: die Kluft zwischen fragmentarischem Internet-Wissen und umfassender Bildung, genauer gesagt die Unterscheidung zwischen unkritischer Informationsvermittlung und der Darstellung komplexer Zusammenhänge. Wir dürfen uns hier nicht der Illusion hingeben, dass uns alles Wissen nach dem neuesten Stand einfach frei Haus geliefert wird. Wir haben lediglich einen subjektiven Zugang zur Welt, damit aber keineswegs die Weitsicht, dieses Wissen auch zu beherrschen. Wir sitzen gleichsam in einem Panoptikum mit 360 Grad Rundumsicht, können aber immer nur ein kleines Segment von wenigen Graden wahrnehmen.

Darin, in dieser unreflektierten Wahrnehmung und Nutzung von gefilterten oder auch manipulierten Informationen aus dem Internet, liegt eine nicht unwesentliche Gefahr der Irreleitung und Fehlsteuerung. Es geht nicht um die billige Nutzung von Internet-Wissen, indem man Versatzstücke einfach zu einem Plagiatswerk zusammensetzt, sondern mehr noch um den Verlust der Bildung als erstrebenswertes Lebensziel: Wir machen es uns zu leicht und verkümmern geistig vor übervollen Wissens-Fleischtöpfen. Wir schauen je nach Bedarf im Netz vorbei wie in einem virtuellen Wissens-Fitness-Studio. Die scheinbare Macht, stets über jedes denkbare Wissen zu verfügen, erweist sich dann allzu schnell als beliebige Ohnmacht, das Internet als Mephisto, an dem wir als Faust letztlich scheitern.

Mich erinnert die scheinbar unerschöpfliche Daten- und Wissensquelle Internet an eine uralte Geschichte: Die alttestamentarische Geschichte vom Baum der Erkenntnis im Paradies, dessen Früchte für uns Menschen keineswegs bekömmlich waren …

Die Gefahr der virtuellen Welten

Eine Mutter suchte Rat bei mir, weil ihr 18-jähriger Sohn spielsüchtig geworden war. Seit sechs Jahren, erzählte sie mir, vergräbt er sich jeden Tag, auch am Wochenende, sechs, acht Stunden in seinem Zimmer und beschäftigt sich mit Kriegs-Aktionspielen wie „World of Warcraft". Er vernachlässigt die Schule, seine Leistungen reichten gerade noch so aus, um versetzt zu werden, aber das Abitur wird er so nicht schaffen. Es ist ihm auch egal. Er pflegt keine Freundschaften, außer virtuellen über das Internet, treibt keinen Sport, hat keine anderen Hobbies oder Interessen, achtet kaum noch auf die Körperpflege, zeigt bereits Haltungsschäden, sitzt selten noch mit der Familie gemeinsam am Tisch. Die Frau war verzweifelt. Sollte sie mit ihrem Sohn zum Therapeuten, zum Suchtberater?

Mediensucht ist Freiheitsberaubung

Es ist nie zu spät, gerade bei krankhaftem Suchtverhalten, eine Therapie zu beginnen. Mir ist dabei das Beispiel des verlorenen Sohnes aus der Bibel vor Augen, dessen Leidensdruck letztlich, als er nicht einmal mehr Schweinefutter erhält, so groß wird, dass er umkehrt und seinen Vater um Verzeihung bittet.

Ich sehe andererseits an diesem Schicksal, das ja inzwischen Hunderttausende von Kindern und Erwachsenen betrifft, auch schwere Versäumnisse der Eltern in der Erziehung. Wie konnte es soweit kommen, dass sich ein Zwölfjähriger vom Leben so abkoppelt, seine Jugend mit sinnentleerten virtuellen Kampfspielen vergeudet, sein Gehirn mit elektronischem Müll zuschüttet, seine Ausbildung, seine spätere berufliche Laufbahn aufs Spiel setzt und vor allem den Kontakt zum wahren Leben verliert? Die Verantwortung der Eltern und Erzieher erfährt hier eine neue, sehr kritische Herausforderung. Der Mutter habe ich übrigens geraten, ihren Sohn durchaus mit den Konsequenzen zu konfrontieren: Kein Abi – kein Studium – keine Chancen. Ob der junge Mann es kapieren wird? Oder ist ihm alles gleichgültig, und er denkt einfach nicht weiter?

Fluch oder Segen? Besser gefragt, was ist hier falsch gelaufen? Wir sind in Gefahr, die Computertechnologie, vor allem das Medium Internet, nicht mehr zu nutzen, sondern sie zu missbrauchen. Schlimmer noch: Wir lassen uns benutzen, missbrauchen. Wir sitzen hier in einem klassischen Dilemma, in einer Falle: Wir können uns entscheiden zwischen Sinn und Unsinn, zwischen Gut und Böse. Es ist eine Situation, die mit der von Adam, Eva, Apfel und Schlange vergleichbar ist: Wir haben die Freiheit, nicht in den süßen Apfel zu beißen, auf Sex, Crime und Games zu verzichten, oder: uns der Gefahr der Vertreibung, in diesem Fall der Selbstzerstörung, auszusetzen. Wir sind nun einmal beeinflussbar. Die Bilder gehen nicht spurlos an uns vorüber.

Wie können wir diesen Gefahren begegnen? Auch in mir gibt es angesichts dieser Frage zwei Tendenzen: Die eine steht für die persönliche Freiheit jedes Einzelnen, seine Entscheidungen zu treffen. Die andere geht in die Richtung einer restriktiven, regulierenden Beschränkung von Inhalten, die besonders Kindern und Jugendlichen schaden können, wie das oben genannte Beispiel vor Augen führt. Restriktion wäre angeraten, zumindest solange der junge Mensch seine Freiheit noch nicht wahrnehmen kann.

Was nichts kostet, ist meist auch nichts wert

Eine Möglichkeit, die derzeit immer häufiger und lauter diskutiert wird, ist die Beschränkung über den Preis, also dadurch, das bestimmte Inhalte zu bezahlen sind. Für derartige Modelle tritt natürlich die einschlägige Medienindustrie, vor allem Netzbetreiber und Verlage, ein. Es hat durchaus Sinn, wenn man damit beispielsweise wissenschaftlichen oder bildungsfördernden Inhalten den Wert verleiht, den sie auch tatsächlich verdienen.

Auch im Unterhaltungsbereich, der überwiegend noch zum Nulltarif im weltweiten Netz angeboten wird, kann ich mir Abo- oder andere Bezahlmodelle vorstellen. Allerdings beschleicht mich manchmal der Verdacht, dass die Netzbetreiber erst einmal viele Millionen Nutzer in Abhängigkeit gebracht haben wollen, um dann umso leichter und umso mehr aus ihnen Kapital schlagen zu können, wenn sie bereits Suchtstrukturen entwickelt haben und in ihrer Freiheit eingeschränkt sind.

Wir wissen heute durch die Neurologie, die Erforschung der Gehirnströme, viel mehr als zu früheren Zeiten. Wir wissen, dass wir unser Bewusstsein durchaus beeinflussen, steuern können, positiv wie negativ. Wir wissen, dass wir dafür selbst verantwortlich sind. „Du bist so gesund, wie Du isst" – ist eine alte, auf unser körperliches Wohl bezogene Volksweisheit. Auf unsere Psyche übertragen, könnte es heißen: „Du bist seelisch so gesund, wie du dich mit Wissen, Worten und Bildern nährst."

Unser Medienkonsum gibt uns viele Freiheiten. Wenn wir verantwortungsvoll damit umgehen, wird er unser Leben in jeder Form bereichern. Die Gefahr der Lebensfeindlichkeit seitens des Internets sollte uns aber auch bewusst sein, heute mehr denn je.

Antreiber oder Getriebene? Was brauchen wir wirklich zu einem guten Leben?

Jeder von uns wird diese Frage anders beantworten: nach seinen Wünschen und Vorstellungen, nach seinen Erfahrungen und seiner Lebensgeschichte, jede und jeder auf ihre oder seine Weise.

Die Antwort auf diese Frage hat viel mit unserem Konsumverhalten zu tun. Was immer wir kaufen, ob Güter des täglichen Bedarfs, Lebensmittel, Genussmittel, Unterhaltungsmedien oder elektronische Geräte und längerfristige Anschaffungen wie ein Automobil – stets können wir uns dieselbe einfache Frage stellen: Brauche ich das wirklich, und benötige ich es gerade jetzt?

Jeder von uns ist für seine Entscheidungen selbst verantwortlich. Wir können uns deshalb dieser Frage nicht entziehen. Wer sich ihr ernsthaft stellt, wird immer wieder auf die dahinter liegende Frage stoßen: Wer, was treibt mich, diesen Artikel, dieses neue Handy, jetzt unbedingt haben zu wollen? Bin ich Antreiber oder Getriebener?

Beim täglichen Brot, das wir beim Bäcker kaufen, stellt sich diese Frage natürlich nicht; wir brauchen es einfach als Mittel zum Leben. Beim Objekt der Begierde, beispielsweise einem neuen Handy, stellt sich die Frage aber schon: Brauchen wir es, weil Bekannte und Freunde es bereits haben und wir nicht zurückstehen wollen, brauchen wir es, weil uns die Werbung neue Funktionen suggeriert hat, ohne die wir scheinbar nicht mehr leben können, oder brauchen wir es, weil es uns beispielsweise beruflichen Nutzen verspricht, der für uns unverzichtbar ist?

Freie Marktwirtschaft für freie, selbstbestimmte Bürger

Ich bin durchaus kein bedürfnislos lebender Mönch, kein Freund des Diogenes im Fass, der einmal gesagt haben soll: *„Genügsamkeit ist natürlicher Reichtum, Luxus ist künstliche Armut"*. Das ist nicht mein Anliegen. Ich gönne jedem sein Glück, die Freude auch an den überflüssigen Dingen. Es ist jedermanns gutes Recht, sein Geld dafür auszugeben.

Es geht um ein anderes, fundamentales Grundrecht – unsere selbstbestimmte Freiheit. Wir alle sind in der Marktwirtschaft, in der wir leben, die sich gerne mit dem Adjektiv „frei" schmückt, in ständiger Gefahr, unfrei, fremdbestimmte Verbraucher zu werden. Wir werden als Verbraucher täglich, stündlich, über sämtliche Medienkanäle mit Werbebotschaften geradezu bombardiert, die wir letztlich auch noch selbst bezahlen müssen. Achten wir auf den Sinngehalt des Wortes „Verbraucher": Wir verbrauchen unser Einkommen, unsere Zeit, letztlich uns selbst, unser Leben. Das aber kann nicht der Sinn unseres Lebens sein. Wir sind nicht geschaffen, Konsumsklaven zu sein. Hier ist auch unsere Menschenwürde in Gefahr.

Vom christlichen Verständnis her sind wir prinzipiell frei, auch in unserem Konsumverhalten. Wir unterstellen uns aber freiwillig der Ordnung Gottes, weil wir wissen, dass echte Freiheit nur so erlangt und erhalten werden kann. Es geht um das rechte Maß, die Mäßigung in allen Dingen. Darauf weist der Apostel Paulus immer wieder hin, der die revolutionäre Freiheitstheologie des galiläischen Wanderpredigers Jesus von Nazareth im Mittelmeerraum verbreitete, so zum Beispiel: *„Denn ihr seid zur Freiheit berufen, Brüder. Nur nehmt die Freiheit nicht zum*

Vorwand für das Fleisch, sondern dient einander in Liebe!" (Gal 5,13), oder: „Wo der Geist des Herrn ist, da ist Freiheit." (2 Kor 3,17)

Es geht Jesus nicht um Freiheit als kurzfristiges Glück durch Konsum, sondern vielmehr um nachhaltige Freiheit *von* allen Zwängen, auch denen des Konsums. Ich lese immer wieder, dass viele Menschen, vor allem junge, sich verschulden, weil sie ihre monatlichen Handy-Rechnungen nicht mehr bezahlen können. Ihr Konto wird gesperrt, ihr Handy ist damit wertlos. Welche Freiheit hat ihnen dann der Besitz ihres neuen internetfähigen Smart-Phones gebracht?

Antreiber oder Getriebener?

Ein anderes Beispiel: Sie kaufen sich, womöglich auf Kredit, für 50 000 € ein neues Cabrio mit Allradantrieb, Navigation und vielen anderen elektronischen Schikanen und sind zu Recht stolz darauf, wenn sie es ihren Freunden vorführen. Ein Jahr später produziert der Hersteller ein überarbeitetes Modell mit Spurführungssystem. Sie ärgern sich, weil ihr Nachbar ihnen diese neueste Errungenschaft voraushat. Sie nehmen sich vor, ihn demnächst wieder zu übertrumpfen. Sind Sie so nicht bereits Sklave eines rotierenden Konsumsystems geworden, ohne es zu merken?

Antreiber oder Getriebener? Wer in die Mühle des Konsumzwangs geraten ist, ist stets beides: Indem er ein Getriebener ist, treibt, kurbelt er die Wirtschaft an. Als Antreiber wird er so zum Getriebenen, denn das System, in dem alles immer neuer, immer besser, immer teurer sein muss, hat ihn längst im Griff, abhängig gemacht. Er ist zum Konsumsüchtigen geworden. Das ist gewiss nicht die Freiheit des Christenmenschen, für die Gott uns bestimmt hat.

Es gilt also, unsere Konsumentscheidungen unter diesen Aspekten kritisch zu hinterfragen: Was brauche ich wirklich zu einem guten Leben? Hilft es mir wirklich, frei zu werden, frei zu sein?

Wenn wir im Einklang mit der Natur produzieren und konsumieren, werden wir ein anderes Leben führen, das sicher nicht karger, wohl aber ganzheitlicher und befriedigender ist. Allerdings werden zu diesem Lebensstil andere Güter und andere Formen des Konsums gehören, denn wir werden uns auf Güter konzentrieren, die mit Nachhaltigkeit vereinbar sind.

Essen wir unseren Planeten auf?

„Die Fleischindustrie zerstört diesen Planeten", behauptet der amerikanische Autor Jonathan Safran Foer* in seinem Bestseller „Tiere essen" und ruft ein vegetarisches Zeitalter auf.

Foer nennt in seinem Buch viele gute Gründe, warum wir unseren Fleischkonsum wenn schon nicht radikal umstellen, dann zumindest drastisch einschränken sollten: Gesundheitliche Gründe, vor allem aber ökologische Gründe. Er kritisiert das weltweite System der Agrarindustrie als eine der Hauptursachen für die Klimaveränderung, weit mehr noch als die verkehrsbedingten CO_2-Emissionen.

Dieser ökologische Aspekt ist gewiss bedenkenswert, wenn wir an die großen Flächen fruchtbaren Landes denken, die Jahr für Jahr für den Futtermittelanbau gerodet werden. Für die Produktion von einem Kilo Fleisch werden zehn Kilo Futtergetreide und mehr als 100 Liter Wasser benötigt. Meist werden die entsprechenden Böden zudem in Monokultur betrieben, so dass sie nach einigen Jahren entweder auslaugen oder chemisch gedüngt werden müssen.

Der ethische Aspekt der Massentierhaltung ist allerdings ein noch viel erheblicher: Ein Bauer oder Agrarunternehmer, der Massentierhaltung betreibt, gleich ob bei Rindern, Schweinen oder Federvieh, maximiert seinen Profit zu Lasten der Tiere, der Umwelt und der Allgemeinheit. Diese Form der Gewinnmaximierung um jeden Preis in Landwirtschaft und Viehzucht müsste gesetzlich eingedämmt werden. Doch leider ist das Gegen-

---
* Siehe Quellen, 7

teil der Fall: Bei uns werden sogar der Futtermittelanbau und der Bau von Schlachthäusern mit fast einer Milliarde Euro pro Jahr subventioniert und damit auch noch der Wettbewerb mit den Bauern verzerrt, die natürlich aufziehen und füttern.

Ethisch gesehen ist die Massentierhaltung unter den damit verbundenen quälenden Bedingungen, die ja noch mit der schnellen Mästung durch Futtermittel einhergehen, die häufig belastet, ja vergiftet sind, ein Vergehen an Gottes Schöpfung. Auch hier finden wir die Ursache wieder in der menschlichen Profitgier, wie uns die Aufdeckung von Dioxin in Futtermitteln und im Fleisch der Tiere sowie in Eiern kürzlich wieder vor Augen geführt hat. Diese Gier ist zutiefst menschen- und tierverachtend zugleich.

Mäßigung statt Sektierertum

Was können wir überhaupt noch unbedenklich essen? Bleibt mir wirklich nur noch, Vegetarier oder gar Veganer zu werden? Wir Benediktiner, die wir selbst seit mehr als 1500 Jahren auch Landwirte sind, Vieh züchten, Fischwirtschaft, Ackerbau und Weinbau betreiben, um uns selbst zu ernähren, geben keine radikale Antwort. Wir betreiben selbstverständlich eine nachhaltige Landwirtschaft, verzichten auf künstliche Düngung und hohe Erträge, aber: Wir müssen nicht, können aber auf Fleisch und Fisch verzichten. Als Brauer und Weinbauern dürfen wir sogar Bier und Wein genießen, müssen aber nicht.

Die Regel Benedikts empfiehlt in allen Dingen Mäßigung, auch bei der Ernährung und beim Maß des damals üblichen Tischgetränks, dem Wein. Außerdem fasten wir, nicht nur in der sechswöchigen Fastenzeit. Fasten ist übrigens ein uraltes Reinigungsritual, das auch die Juden und Moslems kennen und praktizieren.

Nein, mit radikalen Forderungen, Überforderungen an menschliche Verhaltensweisen halten wir uns zurück. Auch konkrete Empfehlungen für die Ernährung sind nicht unsere Sache. Sektierertum bis hin zum Veganer- oder Fruktuanertum ist vielen fremd. Die Überzeugung von Menschen, die diesen Richtungen anhängen, verdient Respekt. Lebensfreude, auch beim Essen und Trinken, ist jedoch ein gutes Recht, das uns niemand verwehren darf. Vielmehr sollten wir uns auch hier die wahren Ursachen in Erinnerung rufen, die zu zerstörerischem Land-Raubbau und zu quälerischer Massentierhaltung geführt haben: Es sind wir, wir selbst, die mit unserem übermäßigen Konsum von Fleisch und Fisch dafür sorgen, dass Tierfabriken und Monokulturen entstehen und die Seen und Meere langsam leergefischt werden. Es liegt in unserem Verhalten, in unserer Verantwortung, wenn diese Entwicklung dazu beiträgt, unsere Erde langsam zu zerstören.

Es ist schwierig, Gewohnheiten, besonders Ess- und Trinkgewohnheiten, zu ändern. Es geht ja auch um Verzicht.

Das immer wieder zu Hilfe gerufene Argument, dass beispielsweise häufiger Fleischkonsum zu unserer Lebensweise gehört, gilt so nicht. Nicht umsonst sprach man früher gern vom „Sonntagsbraten" – es gab an Sonn- und Feiertagen eben etwas Besonderes.

Die letzten Generationen haben manche Gewohnheiten und Überzeugungen ihrer Eltern und Großeltern in Frage stellen müssen. Warum also sollen wir in einer so existenziellen Frage wie unserer Ernährung alles genauso machen wie unsere Vorfahren? In einer Welt mit inzwischen mehr als sieben Milliarden Menschen müssen wir auch bereit sein, manchen Genuss und Luxus aufzugeben. Schon aus Solidarität mit den Mitmenschen, für die eine tägliche warme Mahlzeit schon Luxus bedeutet.

Wir sind einfach aufgerufen, bewusster zu leben.

Veränderung und Widerstand: Wenn die Bedürfnisse sich verselbständigen

Der Zauberlehrling in Goethes gleichnamiger Ballade ist anfänglich stolz auf sein Können, doch bald merkt er, dass er der Situation nicht mehr gewachsen ist, und er sagt die inzwischen geflügelten Worte: *„Die ich rief, die Geister, / Werd' ich nun nicht los."* Da kommt im letzten Augenblick der Meister zurück und bereinigt die Situation mit einem knappen Befehl:

„In die Ecke,
Besen! Besen!
Seid's gewesen."

Geht es uns nicht so ähnlich, wenn wir an Fehlentwicklungen denken, wie die Atomenergie, die wir uns vor 40, 50 Jahren noch als scheinbar saubere, billige Lösung all unserer Energieprobleme gewünscht haben. Oder, im kleinen privaten Umfeld, wenn wir an den Computer denken, der wieder einmal abgestürzt ist, oder von einem Virus heimgesucht wurde: Wir verwünschen dann die Geister, die wir gerufen haben, wissend, dass wir sie so schnell nicht loswerden, und der Meister eben nicht rettend zur Stelle ist.

Es ist das vertraute Thema von Anspruch und Wirklichkeit, vom Fortschritt und dessen Folgen. Das Muster ist dann stets das gleiche: Als Folge von technischem Fortschritt wächst die Bevölkerung, die mit neuem Fortschritt in der Landwirtschaft ernährt werden kann, aber auch ernährt werden muss, mit sämtlichen ökologischen Nachteilen dieser Entwicklung. Hinzu kommt, dass die Ansprüche der Menschen ständig steigen:

Haus, Auto, Computer, Ferienreisen beispielsweise sind in den vergangenen zwei Generationen für weite Kreise der Bevölkerung in Europa selbstverständlich geworden. Ebenso selbstverständlich wollen wir uns von diesen Ansprüchen nicht mehr trennen. Diese Bedürfnisse wollen also befriedigt werden, sonst, meinen wir, drohen in der Demokratie politische Veränderungen, vielleicht sogar Chaos. Unsere Konsumgesellschaft hat in den vergangenen 50 Jahren immer mehr Menschen hervorgebracht, die auf einem immer höheren Niveau immer höhere Erwartungshaltungen und kaum noch erfüllbare Wünsche haben. So funktionieren das Marketing und die Menschen, die sich seinen Gesetzen ausliefern: Immer nur nach oben – nach der E-Klasse muss die S-Klasse kommen, nach dem 5er der 7er und nach dem A6 der A7 oder der A8. Absteigen oder, wie die Engländer sagen: *downsizing*, eine kleinere Nummer wählen, ist in diesem Lebensmodell nicht vorgesehen.

Hier kommen wir zu einem besonders heiklen Thema, wenn wir über Nachhaltigkeit ernsthaft nachdenken: *Veränderung*.

Eigentlich ist Veränderung das Selbstverständlichste und Beständigste in unserem Leben. Wir selbst ändern uns ständig, häufig vielleicht sogar, ohne diesen Prozess bewusst wahrzunehmen.

Aber eigenartig: Wir wehren uns, oft unbewusst, gegen Wandel und Veränderung. Wir suchen insgeheim die Beständigkeit, den festen Boden des Statischen. Die Dynamik des Wandels beunruhigt uns eher, als dass sie uns vorantriebe. Wir versuchen ihr zu widerstehen, werden dabei nicht selten sogar zu Bremsern, verhindern Veränderung, wohlwissend, dass uns dies letztlich nicht gelingen kann.

Wir kennen Sprüche wie:
„Beständig ist nur der Wandel"
oder:
„Wenn wir uns selbst nicht verändern, werden wir verändert werden",
oder:
„Nur indem wir uns selbst verändern, bleiben wir, wer wir sind"
oder:
„Nur in der Veränderung liegt die Beständigkeit unseres Wesens".
Alle diese Erkenntnisse sind stimmig und wahr. Und sie sind ebenso banal. Sie drücken aus, was wir ohnehin wissen und spüren. Aber sie können uns nur bedingt motivieren, weitaus weniger als die faktische Kraft des Normativen oder der Zwang. Denn zur Veränderung treiben wir uns lieber nicht selbst, sondern lassen uns meist durch Zwänge treiben. Dass wir dabei einen ganz entscheidenden Teil unserer Freiheit, nämlich die Initiative zur freien Gestaltung unserer Zukunft opfern, nehmen wir dabei billigend in Kauf.

Veränderung findet mit uns statt – oder ohne uns

Veränderung ist also Realität. Sie findet jeden Tag statt, mit oder ohne uns. Wir sind ihr ausgeliefert und können nicht einmal ihr Tempo bestimmen. Wir ahnen und spüren nur, dass dieses Tempo kontinuierlich zunimmt. Der gesellschaftliche, kulturelle und vor allem der technologische Wandel ist uns allen bewusst und gegenwärtig, und jeder von uns kann das Tempo am Beispiel seines eigenen Lebens mitverfolgen. Der Blick voraus jedoch lässt uns nur vermuten, welchem Wandel wir noch ausgesetzt sein werden. Viele fürchten sich davor, glauben, nicht noch mehr Veränderung ertragen zu können.

Wir leben also im Zwiespalt zwischen Veränderungswunsch und – sobald wir persönlich mit Veränderung konfrontiert werden – Verhinderungsstrategie und -taktik. Wie wir persönlich damit umgehen, ist somit häufig eine Frage der emotionalen Betroffenheit und nicht der Rationalität.

Veränderung ist folglich von ambivalentem Charakter. Sie braucht Mut, Entschlossenheit und Gottvertrauen. Wer hilft uns ängstlichen Seelen? „Gott regiert und verantwortet", schrieb der Regensburger Bischof Johann Michael von Sailer (1751 bis 1832), ein bedeutender Theologe und religiöser Meister seiner Zeit, „er wird es zu einem guten Ende bringen." Bischof Sailer sagt uns aber auch: „Vollende du deine Sache, freue dich und sei mutig, lege deine eigene Begrenztheit, deine Schwäche und deine Fesseln ab."

Die opportunistische Grauzone meiden

Veränderung teilt uns Menschen in solche, die sie wollen, auslösen und mit ihr leben, das Beste daraus machen, und solche, die sie ablehnen, fürchten und zu umgehen versuchen. Dazwischen gibt es auch die Grauzonen des Opportunismus. Die einfache Wahrheit lautet aber: Mit Veränderungen leben und überleben, ohne Veränderung jedoch verlieren. Wir können, wie oft im täglichen Leben, wählen, uns entscheiden. Nicht entscheiden heißt aber: Sich der Veränderung nicht stellen wollen. Diese Haltung versperrt uns zwar den Weg in eine nachhaltige Zukunft, kann die Entwicklung aber weder gestalten noch aufhalten. Sie findet dann ohne uns statt.

5 Unsere Verantwortung aus Freiheit

Zeitenwandel: Vom schnellen zum nachhaltigen Konsum

Wo beginnt nachhaltige, ethisch verantwortungsvolle Lebensweise? Beim Bauer auf dem Acker? Bei der Köchin in der Küche? Beim Autofahrer auf der Straße? Was können wir selbst tun? Wie können wir unser Bewusstsein verändern, unsere Lebensweise anpassen?

Bei wem und wo auch immer: Nachhaltige Lebensweise beginnt im Kopf, beim Bewusstsein. Damit beginnt sie bei uns, beim Verbraucher und seinen täglichen Konsumentscheidungen. Weil wir aber mit diesen Entscheidungen oft überfordert sind, bedürfen wir objektiver Aufklärung und Information. Die zu finden ist keineswegs immer leicht.

Die Entwicklung und Erziehung zum nachhaltigen Konsum braucht Zeit, sie ist aber offenbar auf einem guten Weg: In der dritten jährlichen Umfrage zur Messung und Überwachung des Konsumverhaltens haben die National Geographic Society* und das internationale Meinungsforschungsinstitut GlobeScan** festgestellt, dass umweltbewusstes Verhalten unter den Verbrauchern in zehn von 17 Ländern im vergangenen Jahr weiter zugenommen hat. Ermittelt und gemessen wurde dieses Kon-

---

* Siehe Quellen, 8
** Siehe Quellen, 9

sumverhalten in den Bereichen Haushalt und Energie, Verkehr/Transport und bei Lebensmitteln und Waren des täglichen Verbrauchs.

Der Schlüssel liegt also beim Verbraucher, bei uns. In einer Marktwirtschaft, die natürlich auch durch psychologische Trends aller Art, Marketing und Werbung gesteuert wird, hat der mündige Verbraucher immer noch das letzte Wort. Wir entscheiden uns im Supermarkt, zu Hause und an der Tankstelle für oder gegen ökologisch nachhaltige Produkte oder Verhaltensweisen. Wir sind letztlich verantwortlich dafür, was der Markt produziert. Wenn Elektro- oder Hybridfahrzeuge vom Käufer als sinnvolle, energie- und kostensparende Alternativen betrachtet werden, wird die Industrie sich anstrengen und beeilen, diese Fahrzeuge zu vertretbaren Kosten anzubieten.

Ein neuer Lebensstil kann auch vorbildlich sein

Der Wandel hin zum nachhaltigen Konsum wird langsam, aber stetig sichtbar. Wir sind, auch dank ständiger Aufklärung, unterwegs zu einem veränderten Konsumverhalten: vom gesteuertem Konsumzwang hin zu einem kritischen, nachdenklichen Verhalten, das auch die Folgen abwägt. Seit einiger Zeit lässt sich übrigens eine Art Gegenbewegung zum weltweiten Fast Food-Trend beobachten: Slow Food, selbst zubereitete einfache Speisen aus heimischem Anbau werden offenbar wieder als gesunde Alternative entdeckt. Über kurz oder lang, nehme ich an, werden aus diesem Trend wohl die ersten Restaurantketten entstehen.

Die negative Entwicklung in den großen westlichen Industrienationen, die schließlich auch für die Umweltsünden der letzten Jahrzehnte ursächlich war, ist offenbar umkehrfähig. Ganz schmerzfrei sind solche Veränderungsprozesse nie; das gilt besonders für unsere Nachkriegsgeneration, die von der Zeit der harten Entbehrung den großen Sprung in die Wohlstandsgesellschaft geschafft hat, und im Alter ungern etwas missen will.

Alles braucht seine Zeit, und gerade weil Veränderung selten ein schmerzfreier Prozess ist, gilt dies umso mehr. Wir stehen uns oft selbst im Wege. Denn wir legen einerseits größten Wert auf eine intakte Umwelt, auf reine Luft, auf sauberes Wasser und auf möglichst naturbelassene Lebensmittel. Nur möchten wir andererseits all das zum Discountpreis. Wir nehmen aus der Tiefkühltruhe das vakuumverpackte Fleisch aus verschleierter Quelle, denn wir sind preisbewusste Schnäppchenjäger. Das hindert uns nicht daran, beim nächsten Lebensmittelskandal wieder zum Wutbürger zu werden.

Es ist diese Konsum-Schizophrenie, die uns immer wieder daran hindert, auf schöne Sonntagsreden Taten folgen zu lassen. Immerhin scheint es inzwischen Konsens zu sein, dass Nachhaltigkeit in sämtlichen Lebensbereichen für uns als reiches Land auch die Änderung von Lebens- und Konsumgewohnheiten bedeutet. Denn wir wissen, dass unser derzeitiger Lebensstil mit seinem hohen Ressourcenverbrauch weder zukunftsfähig ist, was die Verantwortung für künftige Generationen angeht, noch im Hinblick auf eine gerechte globale Verteilung der natürlichen Ressourcen. Dieser langsame, aber stetige Bewusstseinswandel ist nach meiner Beobachtung im letzten Jahrzehnt ein gutes Stück vorangekommen. Die junge Generation lebt mitunter zum Teil bereits umweltbewusster als die Nachkriegsgeneration.

Junge Menschen können den Älteren Vorbild sein

Es gilt, dieses neu entstehende Bewusstsein, an die kommende Generation weiterzugeben, sie dafür zu begeistern. Bildungseinrichtungen – insbesondere Schulen – können hier die Verhaltensweisen, Einstellungen und Werte von Kindern und Jugendlichen wesentlich beeinflussen und in die richtige Richtung steuern. Wenn sich bei Kindern und Jugendlichen eine veränderte Konsumkultur in der Ernährung, aber auch bei Mobilität und Energieverbrauch herausbildet, ist viel gewonnen.

In den dauerhaftesten Beziehungen wachsen beide Partner

Wie kann ein Mönch, ein zölibatär lebender Geistlicher, überhaupt über Beziehungen zwischen Mann und Frau reden? Auch als Mönch, der in dieser Welt lebt, gehe ich nicht isoliert durch das Leben, pflege Beziehungen zu einer Vielzahl von Menschen, verheiratet und unverheiratet, getrennt und geschieden, in den unterschiedlichsten Lebenssituationen, auch als Beichtvater, und ich höre zu.

Gelernt habe ich dabei unter anderem, dass die am längsten andauernden Beziehungen nicht zwangsläufig auch die glücklichsten sein müssen. Und dass viele unglückliche Beziehungen oft nur durch gemeinsame Kinder und aus religiösen oder praktischen Gründen weiter aufrechterhalten werden.

Aber für viele Paare ist es heute einfach nicht genug, nur zusammenzubleiben. Sie wollen eine inhaltlich reiche und befriedigende Beziehung, kurz gesagt, eine Beziehung fürs Leben. So, wie sie es sich einmal versprochen haben. Eine Beziehung fürs Leben: Gibt es dafür ein Geheimnis, eine Art Rezept?

Warum die Ehen früher länger hielten ...

Oft heißt es: „Früher haben die Ehen viel länger gehalten, in der Regel, bis dass der Tod sie schied." Das mag, statistisch betrachtet, durchaus richtig sein, ist aber wenig hilfreich für die Zeit, in der wir leben. Im Übrigen waren Goldene Hochzeiten früher, schon wegen der geringeren Lebenserwartung der Partner, viel seltener als heute. Über Jahrhunderte hinweg und bis ins 20. Jahrhundert hinein wurde die Ehe vor allem als wirtschaftliche und soziale Einrichtung betrachtet. Die Aufgaben waren klar verteilt: Hier der Ernährer, dort die dienende Hausfrau und Mutter. Die emotionalen und intellektuellen Bedürfnisse der Ehepartner wurden im Namen des Überlebens der Ehe hintan gestellt. Das hat zweifellos vielfach auch zu emotionalen Problemen, beispielsweise zur Gefühlsarmut, geführt.

In unserer Zeit, in unserer Gesellschaft, suchen Paare dagegen in der Ehe vor allem gleichberechtigte Partnerschaft, sie wünschen sich einen Partner, der ihr Leben bereichert, weniger materiell als emotional und intellektuell. Caryl E. Rusbult* hat diese modernen Beziehungen einmal so beschrieben: „Sie suchen den ‚Michelangelo-Effekt‘, indem sie versuchen, aus ihrer Ehe ein gemeinsames Kunstwerk zu schaffen." Dass dies allein nicht Sinn einer Ehe sein kann, wird allerdings klar, wenn man sich vor Augen führt, dass zwei Egoismen zusammen nicht einen Egoismus ergeben können. Und doch liegt darin etwas Wahres: Es müssen eben nicht zwei Egoismen sein.

Worin besteht also das Geheimnis, das Rezept von dauerhaften Beziehungen? Kann es das bei der unerschöpflichen Individualität von Menschen überhaupt geben? Eine Antwort darauf hat einmal ein Rabbi gegeben, als er sagte: „Wem es gelingt, sich den unterschiedlichen Wertigkeiten im Laufe eines Lebens immer wieder mit Geduld anzupassen, der wird sich in einer Ehe auch immer wieder seinem Partner anpassen." Das gilt natürlich für beide Partner in einer Beziehung.

---

* Siehe Quellen, 10

Selbst nicht das Maß der Dinge sein wollen

Es braucht zumindest zwei Tugenden, ohne die keine Partnerschaft dauerhaft bestehen kann: Geduld und Anpassungsfähigkeit, sprich Hintanstellen des eigenen Ego. Wem dies gelingt, der hat immer auch das Wohl seines Lebenspartners im Auge. Beide möchten, dass der andere wächst, ein Leben lang, in seinem Verständnis, seinen Gefühlen, seiner Nachsicht, seinem Verzeihenkönnen, seiner Einsicht, selbst nicht das Maß der Dinge zu sein. Sich davon frei zu machen, gibt immer wieder Raum für die verzeihende Liebe zueinander und das Wachstum in der Liebe.

Es ist für mich immer wieder ein beglückendes Erlebnis, Paaren mit 40, 50, 60 Ehejahren zu begegnen, die voneinander sagen: „Wir sind mit den Jahren über alle Probleme hinaus-, bei allen Problemen zusammengewachsen. Uns wirft nichts mehr aus der Bahn." Treue steht nicht am Anfang, sondern wächst über die Jahre.

Sucht und Umkehr – wir können uns überwinden

Wir Seelsorger sind täglich auch mit Menschen im Gespräch, die mit Suchtproblemen belastet sind. Die vielfältigen Ursachen dieser Leiden sind oft tief in der Seele, in der Psyche der betroffenen Menschen zu finden.

Wir beanspruchen als Seelsorger zwar kein Monopol auf die Betreuung oder gar Heilung von Suchtleiden, aber wir arbeiten gemeinsam mit den Psychotherapeuten an der Heilung dieser Menschen. Unterschiedlich mögen vielleicht die methodischen Ansätze sein: Wir sehen im verwundeten, kranken Menschen stets und vor allem auch ein Abbild Gottes, weniger einen Patienten. Und wir bemühen uns deshalb mehr um die Ursachenforschung und weniger um die Therapie. Das wiederum soll die Aufgabe von psychologischem Fachpersonal bleiben.

In jedem von uns wirken auch heilende Kräfte

Unsere Hilfe für suchtkranke Menschen konzentriert sich in der Seelsorge oft darauf, die verbliebenen, eigenen seelischen Heilungskräfte zu wecken. Wir folgen damit der uralten Erkenntnis, nach der in jedem Menschen zerstörerische Kräfte wirken, aber auch heilende. Die Bibel erzählt uns zu diesen Phänomenen zahlreiche Beispiele. Jesus hat als Heiler, in der Bildersprache des Neuen Testaments, bei vielen Menschen böse Geister ausgetrieben. Die bösen Geister stehen hier beispielhaft auch für viele suchtkranke Menschen, die von den bösen Geistern „besessen" waren. Das heißt, sie waren selbst nicht mehr in der Lage, sich von ihrer Sucht, von ihrer Besessenheit zu befreien. Sie waren in sich gefangen. So ergeht es auch vielen von uns.

Wer suchtkranke Menschen kennt, sich mit ihrem Schicksal auseinandersetzt, weiß, welche fast unmenschlichen Kräfte es braucht, hier nachhaltig zu helfen. Die uns allen innewohnende, bekannte Macht der Gewohnheit steht oft als scheinbar unüberwindbare Mauer vor allen Bemühungen, loszukommen, sich zu befreien. Entscheidend für den Erfolg aller Bemühungen ist dann, dass wir die Hoffnung nicht aufgeben.

Hoffnung bedeutet im Umgang mit Suchtkranken, gleich welcher Sucht, auf Umkehr zu setzen. Das gilt gleichermaßen für alle Suchtleiden, ob Drogen, Alkohol, Nikotin, Spiele, Sex oder auch scheinbar banales wie Geldgier oder Sammelleidenschaft.

Kann man Sucht „umpolen"?

Umkehr – nichts schwerer als das. Aber: Umkehr ist immer möglich. Und zwar nach dem Gesetz der positiven Selbstmotivation durch Erfolgserlebnisse. Psychologen sprechen hier von der „Motivationsspirale", die uns einzieht und herauszieht, wenn wir uns auf sie eingelassen haben. Naturwissenschaftler würden hier von einer Art „Umpolung" sprechen. Die alten Wüstenväter wie Antonius, der Urvater des christlichen Mönchtums, wussten um diese uns innewohnende Widerstandskraft, um die Askese, die „Leitplanken" in unserem Leben. Sie sollten nicht mit Fesseln verwechselt werden, die unser Leben einschränken. Sie sind vielmehr ein Halt, der Freiheit, auch Freiheit von Sucht, erst ermöglicht. Askese ist Selbstkontrolle, die unsere Würde erhält und sie uns wieder schenkt.

Diese suggestive Kraft, die uns hilft, die Sucht zu überwinden, umzukehren, wurzelt bei Christen tief im

Glauben. Im Glauben an unsere göttliche Bestimmung und damit im Glauben an uns selbst. Sie wird freigesetzt, indem wir das tägliche negative Erlebnis durch die Sucht, die tägliche Niederlage, ersetzen durch das positive Erlebnis des Verzichten-Könnens. Indem wir beginnen mit kleinen Schritten, kleinen Erfolgserlebnissen, die uns dann zu immer größeren Schritten in die Freiheit von der abhängig machenden Sucht ermutigen. Diese Erfolgserlebnisse machen uns stärker, immun, jeden Tag mehr.

Verzichtenkönnen ist eines der besten Beispiele unserer Triebfreiheit. Wir könnten zwar, müssen aber nicht. Um aus der Abhängigkeit frei zu kommen, bedarf es einer kontrollierten Disziplin. Es reicht bereits, die Erfüllung des Wunsches hinauszuzögern. Cäsar, wird erzählt, zählte zuerst auf 20, bevor er seine Wut herausließ.

Es macht uns froh, es befreit uns, zu erkennen: Ich kann widerstehen, ich bin stärker als die Sucht. Dann spüren wir diese heilende Kraft, die uns den Weg in unsere wirkliche Berufung weist: In das Leben in Freiheit, das Gott für uns vorgesehen hat.

Alles, was wir dazu tun müssen, ist, mit der Befreiung von der Sucht zu beginnen. Jeder Tag, der uns geschenkt wird, gibt uns dazu eine neue Chance.

In den siebziger Jahren des vorigen Jahrhunderts wurde ein Kultfilm gezeigt: „Clockwork Orange – Uhrwerk Orange". Eine Gang geht rücksichtslos auf Schwache und alte Menschen los, rempelt und fährt alles an, zeigt nicht den geringsten Respekt vor anderen Menschen. Die eigene Lust und Willkür sind der Maßstab. Nach einiger Zeit wird der Rädelsführer Alex festgenommen und einer Umpolung unterzogen. Mit gewaltsam offen gehaltenen Augen muss er brutalste Filme anschauen.

Ein injiziertes Serum erzeugt in ihm dann immer Ekel bis zum Erbrechen. Doch wird er nicht frei, sondern ein verängstigtes Wesen, das sich letzten Endes in den Tod stürzt. Eine Umpolung, die keine ist, sondern eine Gehirnwäsche und ein Missverständnis menschlicher Freiheit. Es ist die Umpolung von einer Abhängigkeit in die andere. Ziel müsste sein, dem Menschen wieder den Geschmack an seiner Freiheit zu vermitteln.

Woran unser Gesundheitssystem krankt

Immer wieder wollen wir Hilfe außerhalb unserer selbst suchen, statt uns anzustrengen und unsere eigene Verantwortung wahrzunehmen. Was wir vermasselt haben, sollen andere richten. Das gilt auch für unsere Gesundheit. Alle klagen: Unser Gesundheitssystem selbst ist krank. Schuld sind angeblich die ins Unendliche steigenden Kosten.

Doch warum haben wir so hohe Kosten in unserem Gesundheitswesen, und warum steigen sie ständig weiter?

Dabei steht fest: Deutschland hat eines der teuersten Gesundheitssysteme weltweit. Gut 260 Milliarden € hat es im Jahr 2011 gekostet bzw. „umgesetzt", wie die Betriebswirte sagen. Damit gehören wir, gemessen am Bruttoinlandsprodukt, weltweit zu den Spitzenreitern im Geldausgeben für unsere Gesundheit und unser Wohlbefinden. Dagegen wäre an sich nichts einzuwenden. Wer aber genauer hinsieht, stellt fest, dass hierzulande am häufigsten teure gerätemedizinische Untersuchungen abgerechnet werden. Allein in einer Region wie München mit 1,3 Millionen Einwohnern stehen so viele Computer-Tomographen wie in ganz Italien.

Das könnte natürlich auch bedeuten, dass Italien mit diesen millionenteuren Diagnosemaschinen unterversorgt ist. Andererseits weiß ich aus eigener Erfahrung, dass Spitzentechnologie in der Medizin keineswegs nur auf Deutschland beschränkt ist. Sie ist weltweit gefragt. Die schwierigsten Verhandlungspunkte mit den staatlichen Behörden bei der Ausstattung unserer katholischen Kliniken in Rason in Nordkorea (eröffnet 2005) und in Meihekou in Nordchina (eröffnet 1998) waren die Computer-Tomographen. Man wollte sich hier nicht mit von deutschen Kliniken „abgelegten", wenngleich von den Herstellern überprüften und freigegebenen Geräten zufriedengeben, sondern verlangte, auf dem neuesten Stand der Technik zu sein. Chinesen sind nicht nur technikgläubig, sondern auch empfindlich, wenn sie meinen, als Menschen zweiter Klasse behandelt zu werden – und das wohl nicht zu Unrecht.

Wenn wir unser deutsches Gesundheitssystem genauer durchleuchten, sehen wir aber auch, dass wir mit die meisten Pillen schlucken, übrigens zu durchweg höheren Preisen als in den europäischen Nachbarländern. Wir sehen weiterhin, dass wir mit die häufigsten Ärztekontakte haben, je Patient durchschnittlich 18-mal im Jahr. Wir werden auch am häufigsten operiert, vor allem am Knochengerüst, und wir verweilen am längsten in Kliniken. Unser Nachsorge-System verschlingt im internationalen Vergleich doppelt so viele Beiträge wie in Skandinavien, und nicht zuletzt sind unsere Pflegedienstleistungen aufwändig und teuer.

Bei allem Aufwand und aller Fürsorge: Gesünder leben oder werden wir Deutschen mit unserem System leider nicht. Woran also krankt das System, das immer mehr kostet und dabei offenbar immer weniger leistet?

Vielleicht sollten wir folgendes berücksichtigen: Mehr Kosten im Gesundheitssystem ruinieren langsam aber stetig den Sozialstaat. Ferner waren wir noch nie so gesund wie heute, dennoch sind 40 Prozent der Patienten chronisch krank und verursachen 75 Prozent der Kosten im Gesundheitswesen. Medizin ist weitgehend zu einem Geschäft verkommen, das den Gesetzen des Marktes unterliegt und damit ständig „angebotsinduzierte" Nachfrage erzeugen muss. Unser Kosten- und Abrechnungssystem, vor allem in der gesetzlichen Krankenkasse, ist so undurchsichtig, dass es sämtliche Marktteilnehmer (ich benutze dieses Wort wieder ganz bewusst) zur Verschleierung geradezu animiert.

Alle diese Tatsachen sind den Verantwortlichen bekannt und auch bewusst. Gerade die Intransparenz der Kosten, die zwischen Patient, Arzt, Facharzt, Krankenhaus und Pflegedienstleistern entstehen, ist ein Kapitalfehler im System, der jeden einlädt, zu nehmen, was er nur bekommen kann. Das ist kein Solidarsystem, sondern das genaue Gegenteil: ein anonymes System mit eingebauter Nachahmungsfunktion.

Das System ist zur Hydra geworden

Wir alle sehen zu, wie viele Politiker und ein Minister nach dem anderen an diesem System herumdoktern, ohne es wirklich zu heilen. Es scheint wie ein Hydra zu sein: Man schlägt ihr einen Kopf nach dem anderen ab, führt Praxisgebühren und höhere Selbstbeteiligungen ein, aber das System wächst trotzdem und wird immer noch gefräßiger.

Die Crux besteht darin: Nur an Kranken wird in diesem System Geld verdient. Patienten werden jedes Quartal wieder in die Praxis bestellt, damit der Arzt erneut abrechnen kann. Der Hausarzt, mehr noch der Landarzt, der seine Patienten noch kannte und über viele Jahre hinweg begleitete, ist ein Auslaufmodell. Er wird durch immer mehr Fachärzte ersetzt, die den Patienten nicht mehr ganzheitlich, sondern in der Regel nur „fallspezifisch" behandeln. Ein erfahrener Landarzt konnte früher viele Krankheiten rasch auch ohne detaillierte Untersuchungen auf Anhieb diagnostizieren. Allergien haben eben auch häufig seelische Ursachen und Leberschäden können auch Folge von Medikamentenmissbrauch sein.

Die schnellste Diagnose muss nicht die richtige sein

Andererseits sollten wir allzu schnellen Diagnosen eine gesunde Skepsis entgegenbringen. Bei uns wird selbst nach Meinung vieler Mediziner zu schnell und zu häufig operiert. Manche Orthopäden behaupten, dass die Überzahl der chirurgischen Eingriffe am Bewegungsapparat überflüssig sind oder zumindest verfrüht.

Mir fällt hier das Beispiel eines Bekannten im Alter von Mitte 50 ein, der an Kniebeschwerden litt. Der Orthopäde, den er aufsuchte, schickte ihn zum Radiologen zur Computer-Tomographie. Kosten: 400 €. Der Orthopäde wertete die CT-Bilder und den Kommentar des Radiologen, verfasst in für Nicht-Mediziner unverständlichem Fachchinesisch, in wenigen Sekunden aus und verkündete die Therapie: Knie-Operation mittels invasiver Arthroskopie. Veranschlagte Kosten: 7 500 €, einschließlich dreitägiger Ambulanz. Nachsorgekosten: 4.500 €. Seine eigene Leistung, einschließlich zehn Spritzen, berechnete der Orthopäde mit 1 500 €. Gesamter Kostenplan: 14 500 €.

Dem Bekannten, einem kostenbewussten, sparsamen Menschen, erschien die schnelle, forsche Diagnose zu voreilig und er entschloss sich deshalb, einen weiteren Arzt, einen bekannten Naturheilkundler, zu konsultieren. Der sah sich nicht nur die CT-Bilder gründlicher an, sondern auch den Mann, seinen Körperbau und sein Bewegungsverhalten. Daraufhin riet er von der Knieoperation ab, von der er sich bestenfalls eine symptomatische Linderung versprach, aber keine nachhaltige Heilung. Er empfahl stattdessen eine Lymphdrainage-Therapie, spezielle gymnastische Übungen, sowie eine verändertes Geh- und Laufverhalten, verbunden mit speziell angepassten Schuhen. Ergebnis: nach zwei Monaten war der

Mann schmerzfrei, und er ist es geblieben, bis heute. Sein Gang ist aufrechter als vorher und auch seine immer wiederkehrenden Rückenschmerzen sind verschwunden. Kosten für die alternative Behandlung: 900 €. Insgesamt wurden der Krankenkasse damit 11 100 € erspart.

Dieses Beispiel zeigt eine mögliche Antwort auf die Frage: Woran krankt unser Gesundheitssystem?

Ein Grundübel: mangelnde Transparenz

Es krankt auch an einem maßlosen, überzogenen Anspruchsdenken unserer Zeit: An den Patienten, die, ohne ausreichende Transparenz über die entstehenden Kosten, zu häufig und nicht selten überflüssigerweise, ärztliche Hilfe, teure Therapien und Medikamente in Anspruch nehmen. Es krankt am Anspruchsdenken vieler Ärzte, die Patienten nicht wirklich heilen, sondern als Einkommensquelle betrachten. Und es krankt an einem Kosten- und Abrechnungssystem, das viele Hintertürchen zur Manipulation offen lässt.

Wie können wir, als Patienten, dazu beitragen, dieses kranke Gesundheitssystem nachhaltig zu kurieren? Beispielsweise, indem wir uns vor jedem Arztbesuch kritisch hinterfragen: Kann ich mein akutes Wehwehchen nicht doch selbst pflegen? Kann ich gewisse Symptome nicht selbst heilen, in dem ich gesünder lebe, gesünder oder weniger esse und trinke, mich mehr bewege? Es geht immer um die verantwortungsvolle Nutzung des Systems.

Jeder möchte möglichst länger und gesünder leben. Aber dafür trägt auch jeder selbst Verantwortung. Man kann diese Verantwortung nicht einfach an ein Gesundheitssystem delegieren. Das hält kein System aus.

In den USA gibt es seit Jahren eine Medienkampagne gegen Waldbrände. Die zentrale Aussage lautet: „Nur Du kannst Waldbrände verhindern." Genau dieses Beispiel gilt auch für unser Gesundheitssystem: „Nur Du kannst seinen Kollaps verhindern."

Sport, Spiel und Musik – gesund für Leib und Seele

Warum Sport, Spiel und Musik für ein nachhaltiges Leben so gut und wichtig sind? Weil es einfach dazugehört. Vor allem, wenn wir uns den ursprünglichen Sinngehalt von Sport vergegenwärtigen: Sport stammt vom lateinischen Verb „disportare", und damit war nicht nur sportliche Betätigung gemeint, sondern auch Zerstreuung, Unterhaltung, Spiel, nicht zuletzt auch Musik. Im Grunde all das, was vom grauen Alltag, vom Ernst des Lebens ablenkt. Auch in der Antike gab es Wettkämpfe, auch sie dienten der Unterhaltung des Publikums. Die Olympischen Spiele stammen aus dem alten Griechenland. Doch waren sie damals noch weitab von dem Leistungssport, wie wir ihn heute kennen.

Sport, Spiel und Musik sind Teil unseres Lebens, weil sie uns helfen, die Balance zwischen Pflicht und Kür, zwischen Ernsthaftigkeit und Freude zu halten. Ich selbst habe sportlich-körperliche Betätigung in der Schule leider meist als Überforderung empfunden und erst später als freudespendende Betätigung ausgeübt, auch aus der Erkenntnis heraus, dass unser Körper diesen Ausgleich benötigt. Muskeln, Sehnen und Gelenke verkümmern schnell, wenn sie nicht regelmäßig gespannt und entspannt werden. So ist mir meine Morgengymnastik zur lieben Gewohnheit geworden, und mein Körper würde sich schnell beschweren, wenn ich auch nur einige Tage aussetzte. Trotz der Langstreckenflüge und der häufigen Jetlags leide ich weniger an Grippe und Migräne als unsere Studenten. Früher nannte man das „Abhärtung," heute würde man es vielleicht als „Immunisierung" bezeichnen.

Sport und Musik, zwei stabile Säulen fürs Leben

Selbstliebe in der Weise, dass wir auf unseren Körper achten, gehört zu unserer Natur. Indem wir uns nicht vernachlässigen, sondern den gesunden Geist in einem gesunden Körper wohnen lassen, dienen wir nicht nur uns selbst, sondern auch unseren Mitmenschen: Wir bleiben bis ins hohe Alter weniger anfällig für Krankheiten und Gebrechen, erhalten unsere Leistungsfähigkeit und Selbständigkeit.

„Ohne Musik wäre das Leben ein Irrtum", hat der Philosoph Friedrich Nietzsche gesagt. Ich würde sogar hinzufügen: Ohne Musik kann ich nicht leben. Musik, in welcher Form auch immer, ist ein Geschenk Gottes, von Menschen für Menschen, die schönste Botschaft, die wir senden können. Das gilt auch für das Gebet. Kein Gebet erfreut Gott so wie ein gesungenes Lied. Dem Kirchenvater Augustinus wird das Wort zugeschrieben: „Wer singt, betet doppelt." Von ihm soll sogar der Rat stammen: „Lerne tanzen, sonst wissen die Engel im Himmel nichts mit dir anzufangen." Tanz: Die Verbindung von Musik und Bewegung.

Dabei ist es fast unerheblich, ob wir Musik nur hören, also passiv erleben, oder auch spielen. Ludwig van Beethoven, der Schöpfer der Symphonie mit der berühmten Ode an die Freude („Freude schöner Götterfunken") setzt das Tüpfelchen auf das I: „Musik ist höhere Offenbarung als alle Weisheit und Philosophie." Übrigens ist wissenschaftlich erwiesen: Singen hält körperlich und seelisch fit.

Mehr als Fitness – Vorsorge

Diese notwendige körperliche und seelische Fitness, die unsere Lebensqualität entscheidend mitträgt, ist durch die Zivilisationskrankheiten unserer Zeit stark gefährdet. Das kostet nicht nur viel Geld im Gesundheitssystem – es kostet uns ganz persönlich Lebensqualität und Lebenszeit.

Gönnen wir uns die Zeit für genügend Bewegung in frischer Luft. Ernähren wir uns bewusst und gesund! Es ist unser kostbares Leben, das wir uns in Freude erhalten wollen, in der Freude am Leben und an der Bewegung.

Unsere Verantwortung: Was wir der folgenden Generation schuldig sind

Das Münchener Stadtmagazin BISS* hat Kinder, Schüler befragt, wie sie sich ihr Leben, die Welt im Großen und Kleinen vorstellen. Die Antworten zeugen einerseits von naiver Poesie, aber doch auch von echtem Nachdenken. Sie sorgen sich um die Zukunft. Hier einige der Aussagen:

„Ich bin ja kein Hellseher, aber ich stelle mir München viel schöner vor, mit mehr Wiesen. Die Autos und Hochhäuser sind weg, und alle reiten auf Pferden. Es gibt keine schlechten Noten, nur Einser und Zweier, und die Menschen leben vegetarisch." (Nelly, 9 Jahre)

„Man kann sich leichter finden, wenn man sich verabredet hat, weil es Geräte gibt, in die man ganz leise hineinsprechen kann und keiner kann mithören – keine Handys. Auf jeden Fall hat München noch mehr Einwohner, bessere Politiker, mehr Schwimmbäder und mehr Umweltschutz." (Sarah, 11 Jahre)

„Ich würde sagen, es wird sich nicht viel tun. Es gibt weniger Benzin, mehr Elektroautos und mehr Solarenergie." (Julian, 11 Jahre)

„Wenn die Politiker nichts machen, wird es uns in 20 oder 30 Jahren gar nicht mehr geben. Das Öl wird ausgehen, weil wir alles verbraucht haben. Es wird weniger Bäume geben, aber wenn die Menschen es in den Griff bekommen mit der Welt, wird auch München umweltfreundlicher werden." (Arne, 10 Jahre)

„In der Zukunft wird mehr energiesparend gearbeitet, und trotzdem wird die Welt auch irgendwann – das kann noch

---

* Siehe Quellen, 11

lange dauern – zerstört, weil die Menschen immer nur an sich denken. Alle Menschen werden Vegetarier, Tiere töten wird verboten." (Antonia, 10 Jahre)

Wir lernen von den Kindern, dass materielle Dinge nicht alles bedeuten.

Wir sollten mehr auf die Kinder hören. Sie haben noch einen unverstellten, unverdorbenen Blick auf das Leben. Wir tun gut daran, uns von Kindern inspirieren zu lassen, die ihnen eigene kreative Gedankenwelt in unsere rational bestimmte und oft opportunistische Denkweise eingehen zu lassen.

Wenn wir uns ernsthaft der Frage stellen: Was sind wir der folgenden Generation schuldig?, dann sollten wir auch ernsthaft versuchen, mit dem Kopf der Kinder zu denken, ihre eigene Perspektive einzunehmen. Wenn wir das tun, stehen eben nicht rein materielle Überlegungen im Vordergrund wie: Was kann ich meinen Kindern vererben, wie kann ich ihnen ihr Leben absichern und möglichst sorglos gestalten. Kinder denken nicht so, zumindest nicht in einem Alter, in dem sie ihr Leben noch als Spielwiese betrachten. Außerdem wissen, spüren Kinder durchaus mit wachem Gefühl, dass materielle Dinge im Leben nicht alles bedeuten.

Was Kinder wirklich brauchen, ist Liebe, Zeit und Geborgenheit. Nur daraus erwächst dann das, was wir ihnen an wirklicher Lebensbefähigung und Grundlage mitgeben können, nämlich: Bildung, nicht nur die des Kopfes, sondern gleichermaßen auch des Herzens, der Talente, ob musisch oder sportlich, und des Charakters. Dieser ganzheitliche – wir können auch sagen humanistische – Weg wird ihr Leben weit stärker prägen als Geld, Erbe und materielle Sicherheit.

Unsere Generation hat ihre Fehler wieder gutzumachen

Dies entbindet uns freilich nicht von unserer Verantwortung, unseren Kindern eine lebensfähige, lebenswerte, nicht ausgebeutete und hoch verschuldete Welt zu hinterlassen. Diese Verantwortung und Pflicht haben wir in unserer Generation sträflich vernachlässigt, aus kurzsichtiger Gier und Eigennutz. Jetzt, und heute, sind wir aufgerufen, diese Fehler mit allen Kräften so weit wie möglich wieder gutzumachen. Wir müssen umkehren auf den Weg zum nachhaltigen Denken und Handeln. Sonst haben wir versagt und brauchen den Begriff „Nachhaltigkeit" erst gar nicht in den Mund zu nehmen.

6 Forderungen an eine neue Gesellschaft

Unser Bildungssystem bedarf dringend einer Reform

Wir sind eine wohlhabende Nation. Früher schmückten wir uns gern mit dem Attribut „Land der Dichter und Denker". Wir haben nahezu 100 Nobelpreisträger hervorgebracht. Und „Wir sind Papst", wie eine große Tageszeitung nach der Wahl von Benedikt XVI zum Oberhaupt der Katholischen Kirche titelte.

Dabei haben wir ein eklatantes Bildungsdefizit in Deutschland. Das beginnt bereits im Kindergarten und setzt sich dann in allen weiterführenden Schulen fort.

Auf den ersten Blick glaubt man nicht, wie tief das Bildungssystem in die Gesellschaft eingreift. Es begleitet jeden von uns buchstäblich von der Wiege bis zur Bahre. Vom Kindergarten über die Schule in die Universität und von den berufsbildenden Maßnahmen über die täglichen Medien bis hin zu Bildungsangeboten für Senioren. Doch dieses System steckt bereits seit Jahrzehnten in der Krise. Es ist vermasst, überfüllt und unterfinanziert, ineffektiv und unbeweglich, kaum konkurrenzfähig und reformresistent – wenn es dem deutschen Bildungswesen an einem nicht fehlt, sind es wohl Klagen über seinen miserablen Zustand.

Es geht dabei nicht vordergründig um die Ergebnisse der internationalen Schülerleistungsstudien wie TIMS (*Third International Mathematics & Science Study*), PISA

(*Programme for International Student Assessment*) und zuletzt IGLU (*Internationale Grundschul-Lese-Untersuchung*). Derartige Maßstäbe können irreführend und problematisch sein, denn sie kaschieren die unterschiedlichen Kulturen, aus denen sie kommen. Niemand hierzulande würde das häufig als erzieherisches Beispiel herangezogene Drillsystem befürworten, das chinesischen Kindern auferlegt wird. Die Kritik setzt vor allem dort an, dass in Deutschland keine hinreichende Chancengleichheit in der Bildung existiert. Erstens gibt es in deutschen Schulen ein großes Leistungsgefälle zwischen den besten und den schwächsten Schülerinnen und Schülern, zweitens spielt ihre Herkunft für den Schulerfolg eine große Rolle, und drittens ist die Förderung der Schwächsten äußerst unbefriedigend.

Es fehlen Förderprogramme und Stipendien

Hier wird ein weiteres Defizit unseres Schulsystems sichtbar, zumindest verglichen mit dem der anglo-amerikanischen Länder: Wir haben, von einigen Ausnahmen wie privaten Stiftungen und der „Studienstiftung des deutschen Volkes", keine nennenswerten Förderprogramme für Hochbegabte. Studien-Stipendien machen bei uns weniger als ein Prozent der Hochschul-Studienplätze aus. Gerade für Kinder und Jugendliche aus Migrantenfamilien wäre dies eine große Chance und Hilfe, auch für die Integration, über die so viel gesprochen und für die so wenig getan wird. Dies trifft besonders auf Kinder und Jugendliche mit muslimischem Hintergrund zu, denn hier gibt es große Unterschiede nach Ethnien und zum Teil auch nach Glaubensrichtungen.

In Deutschland verfügen zehn Prozent der Bevölkerung weder über einen Hauptschulabschluss noch über eine abgeschlossene Berufsausbildung. Dieser Tatbestand, bislang eher schamhaft umschrieben, wird neuerdings als „Bildungsarmut" bezeichnet. Wer davon betroffen ist, hat auf dem ohnehin verengten Arbeitsmarkt nur geringe Chancen. Aus der Bildungsarmut wird soziale Armut. Und wer arm ist, hat in unserem Bildungssystem von vornherein schlechtere Startbedingungen: Bildungsarmut vererbt sich. Wer nicht in Deutschland geboren ist oder Eltern hat, die nicht in Deutschland geboren sind, hat in unserem Bildungssystem noch weniger Chancen – oder gar keine.

Wir geben unser wertvollstes Gut leichtfertig aus der Hand

Wir begreifen langsam, in welchem Bildungs-Notstand wir stecken. Wir dürfen uns fragen, ob unser Bildungssystem noch zukunftsfähig ist. Wir verstehen, dass wir als rohstoffarmes Land unser bisher wertvollstes Pfund, die Ausbildung, das Wissen und die Kreativität der jungen Menschen, leichtfertig aus der Hand geben, verspielen. Es geht nicht um Schwarzmalerei, aber wir können die Augen auch nicht vor dieser Dauerkrise in unserem Lande verschließen.

„Die Schulen stehen in Flammen", sagt Klaus Kinkel, der ehemalige Bundesaußenminister und heute Vorsitzender der Telekom-Stiftung über den „Reparaturbetrieb" Schule und die mangelnden Investitionen in die Bildung in unserem Land. Er nennt die Dinge beim Namen und legt den Finger in die Wunde einer verfehlten föderalistischen Bildungspolitik: „Die Politik redet zwar viel über Bildung. Aber bei den essenziellen Fragen geht sie nicht wirklich in die Tiefe. Wenn ich mir zum Beispiel anschaue, dass es dem Bund verboten ist, mit den Ländern gemeinsam an einer guten Schule zu arbeiten, dann fasse ich mir an den Kopf."

Dabei läuft uns die Zeit davon: Wir sind eine der Top-Wirtschaftsnationen, beim Export sogar Vizeweltmeister – wir waren jahrelang Weltmeister. Technologisch gesehen befinden wir uns aber nur auf Platz 11 in der Welt. Wenn wir diesen Platz auch nur halten wollen, müssen wir uns gewaltig anstrengen.

Es geht nicht um Rankings, sondern um unsere Kinder

Wir sollten uns jedoch nicht an Rankings orientieren. Es geht um die Kinder. Darum, ihre wunderbare Neugier wach zu halten, und um ihre Chancen in der Gesellschaft. Es geht darum, wie wir Kinder wieder motivieren und ihnen Freude an der eigenen Leistung vermitteln. Aber genau da liegt das Problem. Wir lassen unglaublich viele Talente brachliegen – und deswegen haben wir ein technologisches und ein demografisches Problem. In den Wachstumsregionen unserer Republik geht uns der gute Nachwuchs bereits aus. Jeder Verantwortliche in der Politik und in den Verbänden weiß, dass die Wirtschaft vor einem dramatischen Fachkräftemangel steht.

Der Verein Deutscher Ingenieure VDI beklagt, dass bis zu 100 000 Ingenieure fehlen – in einem Land, das international als führend für Ingenieurleistung galt und (noch) gilt. Woher soll unser Jobmotor, der Mittelstand, künftig den neugierigen Nachwuchs bekommen, wenn wir jedes Jahr ein Fünftel eines Jahrgangs als Risikoschüler entlassen? Wenn wir fünf Kinder haben, dann lieben und fördern wir doch alle fünf – und lassen nicht zu, dass eines nicht richtig lesen und rechnen lernt.

Wir kennen die Ursachen für unsere Bildungsmisere, wir kennen das Dilemma, und tun doch so, als wären wir machtlos, ohnmächtig. Die Ursachen liegen tief in den Strukturen unserer Gesellschaft. Sie beginnen in den Familien, in denen Kindern zu wenig Zeit gewidmet wird, in denen sie zu wenig Zuwendung erfahren. Sie setzen sich in den Kindergärten fort, die überfüllt und personell unterbesetzt sind. Sie werden an die Grundschulen weitergegeben, in denen überforderte Lehrer hyperaktive Kinder nicht mehr bändigen können. Reparaturbetrieb Nr. 1, könnte man sagen.

In den weiterführenden Schulen – Reparaturbetrieb Nr. 2 – peitschen die Lehrer ihren Lehrstoff durch. Individuelle Förderung ist kaum möglich. Frustrierte Schüler und mit Bürokratie überfrachtete Lehrer am Rande des Burn-out sind die Opfer eines Systems, das nur noch darauf achtet, dass bestimmte Messlatten übersprungen werden und das gerade so im Endeffekt eben nicht funktioniert, sondern dysfunktional wird. Das Abitur ist dann nur noch eine entwertete Eintrittskarte in die Hochschulen, anonymisierten Wissensvermittlungs-Fabriken. Hochschulabschlüsse führen dann entweder in die Arbeitslosigkeit, weil Abgänger auf dem Markt als nicht vermittelbar gelten, oder in einen gnadenlosen Auswahlwettbewerb. Dies gilt besonders für Juristen und Betriebswirte, und für die vielen bestens ausgebildeten Medizinern, die ins Ausland abwandern. Denn dort werden sie geschätzt. Für unsere Gesellschaft, die ihre Ausbildung finanziert hat, sind sie jedoch meist verloren.

Hemmschuh Föderalismus? Nicht nur!

Gibt es Lösungen? Es fehlen Visionen, ein aus den Fugen geratenes Bildungssystem wieder in die richtige Richtung zu leiten. Die Politiker in Bund und Ländern, die dafür Verantwortung tragen, blockieren sich nach wie vor selbst mit Zuständigkeitszäunen. Sie haben die Betroffenen nicht im Auge, die Kinder, auf deren Rücken die Kompetenzstreitereien seit Jahrzehnten ausgetragen werden. Allerdings liegt es nicht nur an der Kulturhoheit der Länder. Alles zu vereinheitlichen könnte darauf hinauslaufen, nur den kleinsten gemeinsamen Nenner zu suchen, und das würde alles nur noch schlimmer machen. Dagegen müssten die leistungsschwächeren Länder von den besseren lernen.

Es gibt auch hoffnungsvolle Alternativen. Es gibt Reform-Schulen, deren Modelle hoffen lassen. Aber diese Schulen kommen nicht aus dem staatlichen Schulsystem. Für Schulreformer gelten sie als Mekka der deutschen Pädagogik. Für die Kultusminister scheinen sie eher die ungeliebten Struwwelpeter-Schulen und Relikte der Gesamtschul-Pädagogik der siebziger Jahre zu sein. Die beiden wohl profiliertesten deutschen Reformschulen, die Laborschule in Bielefeld und die Helene-Lange-Schule in Wiesbaden, erreichten beim Schulleistungstest PISA überraschend Traumnoten. Die Kultusbürokratie ist irritiert. Denn die von den Schulen stolz präsentierten Spitzenleistungen passen nicht in den offiziellen Kurs, den die Kultusminister bisher unisono als Konsequenz aus dem gesamtdeutschen PISA-Debakel eingeschlagen haben: Mehr Pauken und Kontrollen, verschärften Leistungsdruck und Abkehr vom Gesamtschulprinzip – also deutlich weniger statt mehr gemeinsamen Unterricht von Lernschwachen und Leistungsstarken. Gerade aber solche Maßnahmen sind bei den erfolgreichen Reformschulen in Wiesbaden und Bielefeld verpönt und gelten als »Griff in die pädagogische Mottenkiste«. Warum nicht von den Besten lernen?

Als einzige Laborschule in Deutschland ist die in Bielefeld der benachbarten Universität direkt zugeordnet. Wie in Wiesbaden darf die Schulleitung neue Lehrer für das Kollegium nach eigenen Kriterien selbst auswählen. Das gibt engagierten, wagemutigen Lehrern eine Chance.

Unsere Schüler sind begeisterungsfähig und motivierbar

Obwohl ich viele Lehrer gut verstehen kann, die über desinteressierte, faule, vom Wohlstands- und Unterhaltungsbetrieb verführte Schüler klagen: Sie sind nicht die Regel, sie sind auch kein deutsches Phänomen. Viele sind sicher von den Eltern vernachlässigt oder verwöhnt und damit eine besondere Herausforderung für Erzieher und Lehrer. Ich bin aber überzeugt, dass die meisten Kinder aus diesem Wohlstandsmilieu zu motivieren und für andere Lebensziele zu begeistern sind. Keiner darf verloren gegeben werden. Oft wirken ein anerkennendes oder ermutigendes Wort schon Wunder. Das kostet freilich Kraft – und motiviertes Lehrpersonal.

Schüler, die ihre Schule selbst putzen, schmieren keine Graffiti

Die Wiesbadener Schule arbeitet ohne Uni-Anbindung eher unter Normalbedingungen. Dabei fielen dort die PISA-Ergebnisse sogar noch überzeugender als in Bielefeld aus. Auch hier gibt es kein Sitzenbleiben und in den ersten Klassen keine Noten. Theaterspielen ist ein Schwerpunkt der Schule. Dazu wurde eigens ein Schauspieler angeheuert. Das Honorar für diesen Künstler erarbeiten sich die Schüler selbst – durch Putzarbeiten. Graffiti sucht man in der Schule dafür vergebens.

In Naturwissenschaft schlugen die Wiesbadener Gesamtschüler das PISA-Siegerland Korea. In Bielefeld sind die Lehrer, die sich freiwillig zum PISA-Nachtest entschlossen, besonders stolz darauf, dass man im Lesen und in den Naturwissenschaften den deutschen PISA-Sieger Bayern auf Platz zwei verwies. Allerdings: Die wenigen Reformschulen und die teuren Privatschulen, die dennoch viel Zulauf haben, können keine wirkliche Alternative zum staatlichen Schulsystem sein. Im Gegenteil, sie vergrößern die Kluft zwischen Arm und Reich und verringern die Chancengleichheit.

Eine andere alternative Erziehung fürs Leben ist die, die wir im Rhabanus-Maurus-Gymnasium in meinem Heimatkloster St. Ottilien und an vielen weiteren benediktinisch geleiteten Gymnasien praktizieren. Die humanistische Bildung, die wir vermitteln, stellt eine ideale Grundlage für ein nachhaltiges Lebensmodell dar. Sie befähigt die jungen Menschen auch, die eigentlichen Werte zu entdecken und zu pflegen, die unserem Leben Sinn geben: Verantwortung für Familie und Partnerschaft, Hinwendung zum Nächsten, aber auch Bescheidenheit, Demut und Dankbarkeit für alles, was uns geschenkt ist und was wir weitergeben dürfen.

In São Paulo haben wir im Jahr 2002 eine Internationale Kommission für benediktinische Erziehung gegründet. Über 130 000 Schülerinnen und Schüler werden weltweit an Benediktinerschulen unterrichtet. Es geht dabei nicht nur um Ausbildung, sondern um die Formung des ganzen Menschen in diesem jungen Alter. Alle drei Jahre finden sich Lehrerinnen und Lehrer in irgendeinem Land zusammen, um über die Bildung zu beraten und ihre Erfahrungen auszutauschen. Schülerinnen und Schülern aus vielen Ländern ermöglichen wir alle vier Jahre vor dem Weltjugendtag eine Begegnung. Meistens sind es um die 300. Es tut einem deutschen Mädchen oder Jungen gut, einmal zu erfahren, wie der afrikanische Schulalltag aussieht und welche Anstrengungen die Afrikaner unternehmen müssen, um das Schulgeld aufbringen zu können.

Das humanistische Erziehungsideal findet wieder Zulauf

Was machen wir anders in St. Ottilien? Unsere Lehrer investieren mehr Zeit in die individuelle Förderung der uns anvertrauten Schüler. Wir geben niemanden verloren, der in eine Krise gerät. Ältere Schüler geben jüngeren notfalls Nachhilfeunterricht. Und wir sehen, dass es vielen hilft, ihre Ziele zu erreichen. Wir legen großen Wert auf die musikalische Bildung – jeder kann ein Instrument erlernen, wir spielen Theater und wir pflegen den sportlichen Ausgleich durch ein vielfältiges Angebot und die entsprechenden Anlagen und Einrichtungen. Unser Ziel ist der ganzheitlich gebildete und damit urteilsfähige Mensch, der fähig ist, sein Leben in die Hand zu nehmen und selbst zu gestalten. Das lernen sie gerade auch beim Studium der alten Sprachen. In den Platon-Dialogen werden sie an die Grundfragen von Gerechtigkeit und politischem Engagement herangeführt. Sie lernen, wie Sokrates alles genau zu hinterfragen, sie lernen unterscheiden und fallen später keiner Political Correctness und keinem Main-Stream anheim. Wir können uns übrigens über Bewerbermangel weder bei Schülern noch bei Lehrern beklagen, eher darüber, dass wir seit Jahren gezwungen sind, auszuwählen.

Lamentieren über ein marodes System hilft nicht weiter. Wenn wir uns eines Tages selbstkritisch sagen müssen: Wir sind zwar in zwei Generationen materiell reich geworden, aber arm an dem, was unsere Gemeinschaft wirklich reich macht, nämlich an der Heranbildung von Menschen, die einmal Erben nicht nur von irdischen Vermögen, sondern auch selbständig, eigenverantwortlich und kreativ ihr Leben in die Hand nehmen können: Dann haben wir versagt.

Konkret brauchen wir eine echte Bildungsreform über alle partikularistischen und parteipolitischen Interessen hinweg, die in einer globalisierten Wissensgesellschaft ohnehin relativ bedeutungslos geworden sind. Gewachsen auf unserer christlich-abendländischen Wertekultur, muss sie Schülern wie Lehrern ihre Freiheit und ihre Kreativität zurückgeben und die Verantwortung jedes Einzelnen stärken.

Reformen sind nicht von heute auf morgen möglich, aber sie müssen angegangen werden. Das ist unsere Verantwortung, auch im Sinne der Nachhaltigkeit.

Gebraucht werden – oder Gutes tun?

„Nichts erfüllt mehr, als gebraucht zu werden", stand vor einiger Zeit auf Großplakaten des Bundesfreiwilligendienstes (BFD). Ich kann dem Slogan nicht ganz zustimmen. Er ist mir zu passiv. Ich meine, mehr im aktiven Sinn, dass es noch erfüllender ist, Gutes zu tun. Denn es gibt tatsächlich nichts Gutes, außer man tut es.

Die Kampagne des Bundesfreiwilligendienstes lief im Vorfeld der Aufhebung der Wehrpflicht, und damit auch des zivilen Ersatzdienstes. Denn damit fehlten den vielen karitativen Einrichtungen und den Krankenhäusern plötzlich 90 000 junge Menschen, 180 000 Hände jährlich, die dringend gebraucht werden, und durch andere, Freiwillige, ersetzt werden müssen. Dennoch schien es mir, als würden sich die Anzeigen und Plakate nicht nur an junge Menschen richten, sondern sämtliche Altersgruppen ansprechen wollen, auch Ruheständler, die Zeit haben, anderen zu helfen.

Im Grunde habe ich eine gewisse Skepsis gegenüber staatlich organisierten Freiwilligen- und Hilfsdiensten, die ja auch durchaus, wenngleich bescheiden, honoriert werden. Ich würde eher auf ehrenamtliche soziale Dienste setzen, die es bereits gibt, nicht zuletzt in Organisationen wie der Caritas, der Diakonie oder in gemeinnützigen Gesellschaften wie die Arbeiterwohlfahrt. Diese zum Teil spendenfinanzierten Organisationen erfüllen ihre sozialen Dienste mit einer Effektivität, die einer häufig geforderten staatlichen „Serviceagentur" eher abgeht. Wir sollten auch den Einfluss des Staates eher zurückzudrängen und den Einzelnen nicht in sämtlichen Lebenslagen behördlich verwalten lassen. Die Freiheit und Verantwortung des mündigen Bürgers ist ein Gut, das wir auch dann verteidigen sollten, wenn wir auf Hilfe angewiesen sind.

Dabei verkenne ich nicht, dass ein Sozialstaat die rechtlichen Grundlagen dafür schaffen muss, dass soziale Dienste flächendeckend zu sozialen Bedingungen bereitstehen, weil sich unsere Gesellschaft so dramatisch verändert hat und noch mehr verändern wird. In einer Single-Gesellschaft, in der, vor allem im Alter, die Familie nicht helfen kann, in einer Zeit, in der Nachbarschaftshilfe in anonymen Wohnburgen kaum noch existiert, man sich fremd ist, werden aber freiwillige sozialen Dienste immer dringender benötigt.

Andererseits ist gerade das Nicht-Gebraucht-Werden ein grundlegendes, offenes Thema in unserer Gesellschaft, wie auch in der Psychologie des einzelnen Menschen: Niemand ist gerne nutzlos, keiner lebt gerne für sich allein.

In Deutschland sind mehr als 23 Millionen Menschen ehrenamtlich tätig, nahezu jeder vierte Bundesbürger. Diese Zahl ist schon an sich sehr beeindruckend, und ist ein Zeichen dafür, dass Menschen füreinander da sein wollen. Sie geben anderen etwas von ihrer Zeit, ihrer Kraft und ihren Fähigkeiten, ohne Geld dafür zu nehmen. Zweifellos würde unsere Gesellschaft ohne diese ehrenamtliche Arbeit von Millionen in allen Bereichen verarmen.

Zwar ist der Wert des Engagements messbar: Die volkswirtschaftliche Dimension des Ehrenamtes liegt laut Bundesregierung bei rund 17 Milliarden Euro erbrachter Arbeitsleistung pro Jahr. Es wäre meiner Meinung nach aber falsch, ehrenamtliches Engagement mit Geld aufzuwiegen oder es nach diesem Maßstab zu bewerten. Junge Menschen bereichert es, vor dem Einstieg in das Berufsleben für Menschen gearbeitet zu haben, die ihrer Hilfe, Unterstützung oder Zuwendung bedurften. Manchen von ihnen hat es sogar einen neuen Weg gewiesen: Sie fanden den Sinn ihres Lebens darin, für andere da zu sein. Der 22-jährige Florian Huber, der als ausgebildeter Hotelkaufmann seinen Zivildienst in einem Altenheim in Glonn bei München absolviert hat, bringt es auf den Nenner: „Helfen macht mich glücklicher als Geld", und Markus Möltner, 21, Ersatzdienstleistender in der ambulanten Pflege, sagte der Münchner Abendzeitung: „Mir ist als Zivi erst bewusst geworden, wie viele alte und pflegebedürftige Menschen unter uns leben. Ich kann nur weiterempfehlen, so etwas zu machen."

Andererseits: Nahezu drei Viertel unserer Bevölkerung stehen für ein derartiges Engagement nicht bereit. Sie werden dafür ihre ganz persönlichen Gründe haben und sicher gibt es auch viele Menschen, die gar nicht mehr wissen, oder wissen wollen, wie es ist, gebraucht zu werden. Ebenso gewiss gibt es bei manchen sogar eine gewisse Sucht, gebraucht zu werden. Sie neigen dann dazu, sich in Ehrenämtern zu verzehren. In einzelnen Fällen kann das durchaus auch kontraproduktiv sein. Es handelt sich um das berühmte „Helfer-Syndrom."

Ehrenamtlich Tätige engagieren sich in vielen Bereichen, zum Beispiel in Bildung und Kultur, im Sport oder beim Umwelt- und Verbraucherschutz. Dabei weist der Sport die größte Bereitschaft zum Mitmachen auf, gefolgt von Schule und Kindergarten sowie dem kirchlich-karitativen Bereich. Die Vereine stellen das wichtigste Organisationsumfeld des freiwilligen Engagements dar. Ich meine, jede scheinbar noch so geringe ehrenamtliche Tätigkeit, die einer Gemeinschaft zugutekommt, ist nützlich und wertvoll.

Neues Gemeinnützigkeitsrecht soll die Zivilgesellschaft stärken

Unsere Gesellschaft braucht Freiwillige. Daher fördert die Bundesregierung mit dem „Gesetz zur weiteren Stärkung des bürgerschaftlichen Engagements" Gemeinsinn und ehrenamtliches Engagement mehr als bisher. Dafür stellt sie jetzt auch rund 400 Millionen Euro zusätzlich bereit, als Zeichen der Anerkennung für die Leistung dieser Menschen. Doch geht es den Engagierten gar nicht ums Geld. Die Gesellschaft mitgestalten, mit anderen Menschen zusammenkommen und Aufgaben zu erledigen, die gemacht werden müssen: Das sind Hauptmotive für freiwilliges Engagement. Es gibt solche, die gar nicht so sehr daran denken, nur gebraucht zu werden, sondern ihre Motivation daraus ziehen, „dass mich jemand mag und sich auf meine Anwesenheit freut."

Wenn wir über eine nachhaltige Zukunft unserer Gesellschaft reden, ist der Wunsch vor allem junger Menschen, Erfüllung und Sinn darin zu suchen und zu finden, dass sie Gutes tun, ein echtes Zeichen der Hoffnung. Dazu braucht es auch keinen staatlichen Zwang, sondern vor allem die Organisationsleistung vieler, um die brachliegende Motivation in die richtigen Bahnen zu lenken.

Nachhaltig leben im Alter

Dass es immer mehr ältere Menschen gibt ist ein Faktum. Sie stehen im so genannten Tertianum, ihrem dritten Lebensabschnitt, sind bereits im Ruhestand, oder kurz davor, und viele von ihnen fragen sich, wie sie die jetzt vor ihnen liegenden Jahre am sinnvollsten gestalten. Die Überlegung, was nachhaltiges Leben in dieser Phase für Sie bedeuten kann, kann ebenso herausfordernd wie produktiv sein: Ist es wirklich noch sinnvoll, in diesen Jahren, auf die man jahrzehntelang hingearbeitet hat, möglicherweise noch auf die eine oder andere Annehmlichkeit zu verzichten? Auf eine Weltreise, eine Kreuzfahrt, ein größeres, komfortableres Auto, auf den Treppenlifter oder die Fußbodenheizung?

Im Kloster kennen wir keine Altersgrenze. Wir arbeiten alle, solange wir dazu fähig sind und gebraucht werden. Etwas gibt es immer zu tun. Trotzdem oder gerade deswegen gibt es auch hier Erfahrungen, die auch für ein nachhaltiges Leben im Alter aufschlussreich und von allgemeinem Interesse sein können.

In vierzig Jahren wird jeder dritte über 65 Jahre sein

Niemand soll im Alter auf etwas verzichten müssen, was er für ein gutes, würdevolles Leben benötigt. Gleichzeitig bin ich mir sicher, dass der Beitrag unserer Generation zu einer nachhaltigen Zukunft gar nicht hoch genug geschätzt werden kann. Dafür gibt es zahlreiche Gründe. Die Menschheit wächst, aber noch schneller altert sie. Die Statistik weist für Deutschland im Jahr 2010 einen Bevölkerungsanteil von knapp 17 Prozent als über 65-jährig aus, im Jahr 2030 wird dieser Anteil nach den Hochrechnungen der Demografen auf mehr als 22 Prozent gestiegen sein, und 2050 soll jeder dritte Deutsche über 65 Jahre alt sein. Analog dazu steigt die Lebenserwartung von derzeit 74 Jahren bei Männern und 79 Jahren bei Frauen auf 84 und 88 Jahre im Jahr 2050. Jeder kann sich vorstellen, dass und wie sich diese Altersentwicklung auf unser Rentensystem auswirken muss. Im Übrigen ist eine ähnliche demografische Entwicklung in allen europäischen Ländern, sowie in Nordamerika und in vielen Ländern Asiens prognostiziert. Auch in Ländern wie Südkorea, auf den Philippinen und in Indien, aber auch in Lateinamerika nimmt die Kinderzahl rapide ab.

Deshalb wird der Beitrag der älteren Generation für eine nachhaltige Zukunft unverzichtbar sein. Wir sollten auch bedenken: Viele in unserem Alter haben noch die Zeiten kennengelernt, in denen Mangel statt Überfluss herrschte, in denen die Dinge einen hohen Wiederverwendungswert besaßen, in denen Recycling noch kein Modewort war, sondern notwendig und selbstverständlich.

Nehmen Sie sich die Freiheit, alternativ zu leben

Mit dieser Erfahrung eines möglichen alternativen Lebensstils, weitgehend befreit von Konsumzwängen, sowie der Geduld und Vernunft, richtige Entscheidungen zu treffen, können wir unseren Kindern und Enkeln helfen, selbst nachhaltiger zu leben. Dies gilt für sämtliche praktischen Lebensbereiche, besonders aber für Bildung und Erziehung.

Als jemand, der selber über 70 ist und viele Menschen dieser Altersgruppe kennt, kann ich mit Überzeugung sagen: Als Senioren können wir, je nach Kraft, Zeit und Neigung, uns ehrenamtlich vielfältig engagieren und dabei unser erworbenes Wissen und unsere Erfahrung auf vielfältige Weise sinnstiftend weitergeben. Wir können in vielen kirchlichen und kommunalen Einrichtungen Aufgaben finden, die Freude bereiten. Wir bekommen dabei mehr zurück, als wir geben. Denn Nachhaltigkeit lässt sich nicht nur vererben, sondern auch verschenken. Ohne die vielen Millionen ehrenamtlichen Mitarbeiter in den Kirchen, Gemeinden, Schulen und Vereinen würde das gesellschaftliche Leben in unserem Land gewiss völlig verarmen. Es ist ein Zeichen der Hoffnung, wenn vor allem ältere Mitmenschen bereit sind, ihre Kraft und Zeit, vor allem aber ihre Erfahrung und ihr Wissen an andere zu verschenken. Auch so entsteht Nachhaltigkeit.

7 Was die Wirtschaft leisten muss

Die Finanzkrise ist eine Krise des Vertrauens auf unser Wirtschaftssystem

Wenn ein verantwortlicher Banker und Politiker wie Jean-Claude Trichet, der frühere Präsident der Europäischen Zentralbank (EZB), ganz entgegen den diplomatischen Gepflogenheiten seines Amtes und Standes davon spricht, die aktuelle Situation auf den Finanzmärkten (im Juli 2011) könne sich „zur schwersten Krise seit dem ersten Weltkrieg" entwickeln (gemeint ist die Inflation), dann müssen wir das sehr ernst nehmen. Schließlich gilt an der Börse und in der Finanzwirtschaft die eiserne Regel: Psychologie ist alles – niemals die Situation kleinreden, eher zur „Pflichtlüge" greifen. Wir, die Verbraucher dürfen keinesfalls verunsichert werden, sonst würden die Banken am nächsten Tag gestürmt.

Was sollen wir aber davon halten, wenn die EZB Staatsanleihen aufkauft, um Länder vor der Pleite zu retten und damit das ganze europäische, ja globale Finanzsystem zumindest kurzfristig vor dem Absturz zu retten? Wie können wir verstehen, welche Ursachen und Zusammenhänge hinter Kursstürzen an den Börsen stehen? Wer kann uns die Transparenz vermitteln, die uns hilft, Ratings nachzuvollziehen? Ratings, die ganze Volkswirtschaften und auch die Politik beeinflussen?

Verständlich, dass viele ihr Vertrauen auf unser Finanz- und Wirtschaftssystem immer mehr verlieren. Mir selbst geht es auch so. Niemand von uns weiß, wer im Hintergrund die Drähte zieht, wer mit den vielen Milliarden spekuliert, die er vielleicht nicht einmal selbst besitzt. Wer steht hinter den Hedgefonds, wer dreht das ganz große Rad? Wo sitzen die Frauen und Männer, die den Politikern immer einen Schritt voraus sind? Wer sitzt an den Computern, den „Black Boxes", die Kurse und Währungen, Käufe und Verkäufe im Nanosekundenbereich abwickeln, aber auch manipulieren können? Welche Informationen verarbeiten die drei großen Rating-Agenturen wirklich? Wer sind ihre Auftraggeber, wer bezahlt sie?

Fragen, die wir uns alle stellen, die aber niemand offen und umfassend beantworten kann. Wir bewegen uns hier wie in einer surrealen Schattenwelt, wissend, dass wir hilflos, manipulierbar geworden sind. Der Wirtschaftsjournalist Gabor Steingart, Chefredakteur des Handelsblattes, schreibt in seinem kürzlich erschienenen Buch „Das Ende der Normalität": „Wir können unser volkswirtschaftliches Studienwissen von gestern vergessen. Die alten Regeln und Grundsätze sind passé. Beispielsweise, dass hinter Geld immer eine entsprechende Wertsubstanz, eine erarbeitete Leistung stehen muss. Aber es gibt noch keine neuen Regeln. Wir erleben keine Normalität, sondern das Ende jeder Normalität." Und die Politik sieht zu, hechelt hinterher, stopft die Löcher, versucht zu beschwichtigen. Wie lange noch?

Noch verhalten wir, die Verbraucher, uns diszipliniert. Noch spielen wir ein Spiel mit, das wir nicht mehr durchschauen können. Noch stürmen wir nicht die Banken. Vielleicht weil wir eines wissen: Wenn wir die Lücke zwischen der realen Wirtschaft und der Scheinwirtschaft schließen würden, Ehrlichkeit einfordern, würde das System zusammenbrechen.

Freiheit, Würde und Verantwortung: Wie viel Ethik braucht unser Wirtschaftssystem?

Bankmanager und Finanzinvestoren stehen seit der Finanzmarktkrise nicht gerade in bestem Ruf, um nicht zu sagen: Sie stehen am Pranger. Können wir auf sie verzichten? Nein.

Wir brauchen ein funktionierendes Bankensystem, damit die Wirtschaft florieren kann, und einiges wurde seit der Finanzkrise immerhin in Ordnung gebracht. Aber Bank-Topmanager zu sein, ist vielen immer noch anrüchig. Es geht um Summen, die dem Durchschnittsbürger unvorstellbar sind. Die Kluft zwischen den Milliarden, welche eine Bank zum Überleben braucht, und den im Vergleich dazu verschwindend geringen Lebenshaltungskosten arbeitsloser Bürger ist vorstellungsmäßig nicht zu überbrücken. Es bleibt auch die Frage, ob die Finanzmanager dazugelernt haben, oder ob sie fröhlich im alten Stil weitermachen und ob es nur eine Frage der Zeit ist, bis die nächste Finanzblase platzt. Dass die Krise noch nicht überwunden ist, zeigt die derzeitige Situation in Griechenland. Italien, Spanien und weitere Länder könnten bald folgen. Die Rating-Agentur Standard & Poor's hat die meisten EU-Länder inzwischen eine Stufe tiefer gesetzt.

Die Fehler nicht vergessen und vor allem: nicht wiederholen

Banker, vor allem Finanzinvestoren, haben Fehler begangen und gesündigt, und durch ihr Verhalten unzählbare Menschen und Familien in größte Not gestürzt. Das wird auch nicht dadurch gemildert, dass entgegen allen Unkenrufen die Arbeitslosigkeit in unserem Lande erstaunlich rasch gesunken ist. Topmanager sehen eben nicht die konkreten Auswirkungen ihres Handelns. Für sie ist es eher so etwas wie ein Zahlenspiel am Schreibtisch, während ein mittelständischer Unternehmer oder auch ein Sparkassenbanker seinen Mitbürgern täglich über den Weg läuft und in die Augen schauen muss. Die Familiendramen und Nöte der Arbeitslosen scheinen heute vergessen zu sein. Vergessen scheint auch der enorme Schuldenberg zu sein, den wir an die nächsten Generationen weiterreichen.

Ursache und Schuld an der Misere war nicht finanztechnisches Versagen, sondern menschliches Fehlverhalten und menschliches Versagen, die Gier und der Herdentrieb. Das schnelle Geld lockte und alle liefen in dieselbe Richtung. Es konnte ja nicht verkehrt sein, wenn alle Fachzeitschriften dieselben Börsentipps gaben. Aber nicht nur Gier war am Werk, sondern auch Schlamperei bei den Kontrollen. Die Regeln und die ethischen Prinzipien wurden außer Acht gelassen, wenn das große Geld lockte. Es war auch so viel Geld da, das angelegt sein wollte. „Was hätten wir denn mit dem ganzen Geld tun sollen", sagte mir ein ehrlicher Banker. Eine Bank ist Treuhänderin und muss Gewinne erzielen. Aber es kommt auf das rechte Maß an und auf die Lauterkeit der Methoden. Zugestandenermaßen fehlte es auch an Regelungen für die internationalen Finanztransaktionen. Die Globalisierung machte sich jetzt erst richtig bemerkbar.

Wir brauchen eine moralische Besinnung

Mit der Finanzkrise kam der Ruf nach mehr Moral in unserem Wirtschaftssystem und vor allem bei den Topmanagern auf. Besonders laut wurde die Entrüstung, als diese ihre Millionen-Bonuszahlungen einklagten. Das sieht in der Tat nach Verblendung aus, und es hat auch solche gegeben, die wenigstens ein Jahr auf ihre Bonuszahlungen verzichtet haben, die sich ohne „Fleißbildchen" weiterhin für ihre Banken und Unternehmen eingesetzt haben. Manager selbst haben eingesehen, dass uferloses Gieren an die Grenzen gestoßen ist. Sie brauchen eine moralische Besinnung. Sie sollen wohlverdiente Gehälter bekommen und auch ihre Bonuszahlungen als Anreize zur Leistungssteigerung. Denn anscheinend sind wir Menschen so gebaut, dass wir ohne Fleißbildchen nicht unsere ehrliche, volle Leistung erbringen.

Bei dem ganzen Ruf nach mehr Moral habe ich allerdings ein gewisses Unbehagen. Wieder einmal sollen sich nur die anderen ändern. Ich bin überzeugt, dass die meisten, die nach moralischer Aufrüstung rufen, an der Stelle der Banker genauso gehandelt hätten. Wenn, dann braucht es eine moralische Neubesinnung und Umkehr des ganzen Volkes. Am meisten gefordert sind selbstverständlich die obersten Verantwortungsträger. Wir sollen aber niemanden moralisch überfordern. Hohe Verantwortung in hohen Positionen setzt reife Menschen voraus. Sie müssen infantiles Machtgehabe und Geldgier unter Kontrolle haben. Das ist alles andere als leicht.

Unbehagen löst auch der Gedanke an die Gläubiger und Aktienbesitzer aus. Sie sind es, welche die Gewinnmarge immer höher schrauben und Manager und Unternehmer unter Druck setzen. Oft genug sitzen sie weit weg. Wie es den Mitarbeitern einer Firma ergeht, wie viel Stress und Burnout erzeugt wird, ist ihnen gleichgültig. Sie sehen es ja auch nicht. Hauptsache, die Dividenden stimmen. Und wiederum: Welcher Aktienbesitzer, auch der Kleinaktionär, möchte nicht größtmöglichen Gewinn?

Gier: die Krankheit, die alle befallen kann

In der Tat ist die Gier ein Hauptfaktor der ganzen Misere. Aber ich denke, das ist eine Krankheit, die alle befällt, sobald das große und schnelle Geld in Reichweite liegt. Tun wir also nicht, als seien wir die moralischen Helden.

Aber wer ist nun eigentlich schuld, der einzelne Mensch oder das System? Es war auch oft die Rede von systemischem Versagen. Wir bräuchten ein ethisches Wirtschaftssystem, das auf menschlichen Werten beruht. Ethik und Moral sind aber zunächst einmal Dimensionen des Handelns von Menschen, nicht von Systemen. Die Forderung nach ethisch richtigem Verhalten richtet sich an den Menschen. Ein ethisches System einzufordern, darf nicht dazu verführen, die Verantwortung auf ein System abzuschieben.

Getrieben oder auch angespornt werden die Finanzinvestoren durch die globalen Möglichkeiten. Noch größere Gewinne lockten, ohne Arbeit, durch reine Spekulation. Es mangelte bislang an Regelungen für den internationalen Finanzverkehr. Weltweit beobachten wir das Ringen um entsprechende Regeln und Abkommen, sei es innerhalb der EU oder der G20. Die Regierungen der Euro-Staaten haben den 750 Milliarden Euro umfassenden „Rettungsschirm" durch einen dauerhaften Krisenmechanismus abgelöst, dessen Umfang ständig überprüft wird. Auch das ist im Sinne der Nachhaltigkeit ein wichtiges Thema. Denn es kann nicht angehen, dass der deutsche Steuerzahler auch noch für die hausgemachten Krisen anderer Länder zahlt und China gar EU gestützte griechische Staatsanleihen aufkauft und davon profitiert.

Basis unseres Wertesystems ist die Würde der Person und die persönliche Freiheit

Insofern internationale Regelungen getroffen werden, die für einen gerechten Ausgleich sorgen und eine Kontrolle eines ungezügelten Kapitalismus beinhalten, können wir also von einer objektivierten Ethik und einem ethischen System sprechen. Ethik und Moral betreffen aber, wie gesagt, zunächst einmal das individuelle Verhalten. Manche sehen in der Ethik das System von Werten, das eine Gesellschaft trägt und eint, das sich in Gesetzen, in Ge- und Verboten und Sanktionen niederschlägt, in der Moral eher das persönliche Verhalten, wenngleich „Moral" nichts anderes ist als die lateinische Übersetzung des griechischen Begriffs „Ethik".

An der Basis unseres Wertesystems stehen die Würde der Person und die individuelle Freiheit. Unser ganzes Wirtschaften beruht auf dem freien Wettbewerb, der sich an bestimmte konventionelle Regeln hält. Wir gehen davon aus, dass die Unternehmer auf dieser Basis am ehesten zum Fortschritt der Technik und des Wohlstandes beitragen. Diese Freiheit wird in ihrer Mitverantwortung für das Wohlergehen der ganzen Gesellschaft gefordert. Auch dieses ethische Verhalten ist weitgehend durch unsere Sozial- und Steuergesetze geregelt. Gleichwohl war es notwendig, dass der Staat während der Finanzkrise einsprang und mit dem Geld der Steuerzahler Banken unter die Arme griff, damit diese ihre Aufgaben gegenüber der Wirtschaft wahrnehmen konnten. Es erfolgten notwendigerweise massive Eingriffe in die Freiheit der Banken und des Unternehmertums, weil die Selbstkontrolle versagt hatte.

Staatshilfe ist ein Armutszeugnis für die menschliche Freiheit

Es ist ein Armutszeugnis für die menschliche Freiheit, entspricht aber wohl der Natur des Menschen. Das Finanzsystem der USA und Europas konnte ins Wanken gebracht werden, weil mangels entsprechender Regelungen die ungezügelte Gier derjenigen, die an den Schalthebeln der Geldpolitik saßen, Wildwuchs treiben konnte.

Die chinesische Regierung, die ihre Wirtschaft gut über die Finanzkrise hinwegbrachte und relativ wenige Einbrüche erlebte, wies darauf hin, die Wurzel des Versagens liege im westlichen Individualismus, der geradezu automatisch zu einem Egoismus führe. Die Zukunft, so tönen auch die Staatsmänner Singapurs und Malaysias, liege nicht in der freien Marktwirtschaft noch in der Demokratie, sondern in staatsgelenkten Systemen, im Protektionismus. Wir sollten deutlich verfolgen, wie die Zukunft derjenigen Unternehmen verläuft, bei denen sich heute China einkauft. Ich könnte mir vorstellen, dass China auch dort auf protektionistische Maßnahmen drängt.

Protektionismus als Eingriff des Staates zur Lenkung außenwirtschaftlicher Beziehungen, aber auch der Binnenwirtschaft scheint ein effizientes und erfolgversprechendes Modell zu sein, bevormundet aber den Menschen, den Handel und negiert seine Freiheit. Gerade die Freiheit macht aber die Würde des Menschen aus. Es wäre ein Trauerspiel, wenn der Mensch nicht fähig wäre, seine Freiheit und Verantwortung individuell wahrzunehmen. Der Versuch, aus wirtschaftlichen Effizienzgründen den Menschen zu bevormunden, ist menschenverachtend. Nur, dass diese Menschenverachtung im Protektionismus subtiler erfolgt als in rein kommunistischen Systemen.

Protektionismus behindert Wirtschaft und Wissenschaft

Protektionistische Maßnahmen behindern letztlich die Entwicklung der Wissenschaft, Technik und Wirtschaft. Fortschritt und Entwicklung sind nur auf dem Boden der Freiheit möglich. Nur da werden Kreativität und Flexibilität möglich. Nur im freien Wettbewerb entwickeln sich Technik und Wissenschaft.

Gelenkte Staats- und Wirtschaftssysteme werden auch der Korruption nicht Herr. Vom Perlturm im Pudong-Viertel in Schanghai aus konnte ich ein eingestürztes Hochhaus sehen. Der Unternehmer wollte noch nachträglich eine Tiefgarage einbauen. Auf dem Weg dorthin sah ich auch das verbrannte Pressezentrum. Der Mensch ist in China nicht anders als bei uns. Der Stellenwert, den das Individuum aber bei uns erfährt, ist ein anderer, und den gilt es gegenüber allem Protektionismus zu verteidigen, und zwar um der Menschenwürde willen, und zugleich aus wirtschaftlichen Gründen.

Das ethische System einer Gesellschaft beruht auf Konventionen und verlangt Sanktionen zur Einhaltung der Gesetze. Der Mensch ist durchaus nicht so frei, wie er meint. Die Freiheit ist zunächst ein richtungsloser Drang, der nach Orientierung und Zügeln verlangt. Zügellosigkeit führt zu Desorientierung. Die Freiheit braucht Halt. Haltlosigkeit führt den Menschen in den Abgrund. Freiheit bedeutet eigentlich, das als gut Erkannte tun zu können.

Die Wahrnehmung dieser Freiheit aber verlangt einen hohen Grad an Disziplin. Immer besteht die Gefahr, dass Menschen diese selbstverantwortete Freiheit nicht erlangen oder nicht durchhalten. Der Mensch hat aus dem Tierreich die Triebhaftigkeit ererbt, Bedürfnisse wie

Essen, Trinken, Schlafen, Sexualität, Verlangen nach Macht, Besitz, Anerkennung und Rang. Bei Tieren sind die Grenzen von Natur aus vorprogrammiert, der Mensch muss sie sich selbst setzen. Gerade, um Besseres zu tun, kann er die natürlichen Grenzen sprengen. Umgekehrt kann er sich aber von Trieben vereinnahmen lassen, von ihnen abhängig und süchtig werden. Alles kann sich beim Menschen zur Sucht steigern, die eben genannten Triebe, aber auch Arbeit und Spiel, bis hin zu seiner Selbstzerstörung. Selbstkontrolle und eine gewisse Fremdkontrolle garantieren den Erhalt der Freiheit.

Wenn der Mensch nicht das Geld besitzt, sondern das Geld den Menschen

Geldgier bedeutet die totale Abhängigkeit von dem Verlangen nach mehr Geld. Das ganze Denken dreht sich von früh bis spät nur mehr um das Geld. Der Mensch hat sozusagen seine Seele an den Dämon des Geldes verkauft. Nicht er besitzt mehr das Geld, sondern das Geld besitzt ihn. Ein solcher Mensch bräuchte – ironisch gesagt – eine Behandlung wie ein Alkoholiker, eine Entwöhnung durch Entzug. Die Gier, die man in diesem Fall auch Habsucht nennen kann, verlagert sich mit der Zeit auf die Geltungssucht. Mit noch mehr Geld kann der Mensch nichts mehr anfangen, aber immer noch mit anderen konkurrieren. Es kommt dann auf die Rangliste an, wer von den Reichsten der Superreiche ist. In diesem Falle sind wir weit weg von einer sozialen Marktwirtschaft. Es gilt dann das Wort der Bibel: „Eher gelangt ein Kamel durchs Nadelöhr, als ein Reicher ins Himmelreich." (Mt 19, 24)

Neben der Gier wirkt im Menschen ein zweites Verhalten: der Herdentrieb. Wie Lemminge rennen die Menschen ins Verderben, wenn alle anderen es auch tun. Mit einer geradezu faszinierenden Leichtgläubigkeit meinen Anleger, an der Börse gehe alles immer mit rechten Dingen zu, vermeintliche Anleger-Gurus seien nur ihrem Gewissen verpflichtet. Kriminalität gibt es überall, wo es Menschen und menschliches Handeln gibt. Lug und Betrug ohne Ende, sobald es um den Eigenvorteil geht. Neben dem Egoismus müsste der Herdentrieb stärker ins Auge gefasst werden. Der Mensch lässt sich nicht nur von seinen Trieben, sondern unbewusst von anderen Menschen entmündigen. Das kritische Denken, die Voraussetzung für freies Handeln, setzt aus. Dem Tier ist der Automatismus vorgegeben, der Mensch trägt die Last, alles prüfen und entscheiden zu müssen. Aber genau das macht die Freiheit aus, gegen allen Mainstream und alle vermeintliche Correctness.

Moral und Ethik gedeihen nur in Freiheit

Der eigene Vorteil ist andererseits eine wesentliche Triebkraft allen Wirtschaftens. Schließlich soll der Mensch sich selbst erhalten. Zum Nachteil der anderen wird der Vorteil des Einzelnen, wenn der Mensch ausschließlich ihn sucht. Fairness ist geboten, darüber hinaus die Mitsorge für die Gesellschaft, für das Gemeinwohl, nicht nur für das eigene Unternehmen und die Mitarbeiter. Wir leben nicht als Einzelne für uns selbst, sondern in einer Gesellschaft, die uns trägt, und die wir mittragen. Soziale Mitverantwortung ist daher Teil unserer menschlichen Wirklichkeit. „Sozial" kommt vom lateinischen „socialis", auf die Gemeinschaft, die „Societas" bezogen und sie aufbauend. Ziel des sozialen Verhaltens besteht zunächst darin, den anderen durch Hilfe zur Selbsthilfe zu befähigen. Wo

Menschen zeitlebens bedürftig bleiben, mangels Begabung oder aufgrund von Behinderung, ist die Gesellschaft dazu aufgerufen, diese Menschen mitzutragen.

Moral und Ethik gibt es nur, wo Freiheit walten kann. Alle autoritären Systeme unterdrücken die Freiheit, und selbst in unseren freiheitlichen Systemen müssen wir auf die Wahrung der Freiheit achten. Durch Preisabsprachen, Kartelle, Monopolisierungen versuchen Wirtschaftsleute, ihre Konkurrenten auszuschalten. Der Kunde wird in seiner Wahlfreiheit eingeschränkt, der Produzent in seiner Wettbewerbsfähigkeit.

Angesichts der menschlichen Neigung zum Egoismus und dazu, andere auszuschalten, sich anderer zu bemächtigen, bedarf es auch hier staatlicher Regelungen, die auf gesellschaftlichem Konsens beruhen.

Wo Freiheit herrscht, lebt auch das Risiko

Das Streben des Menschen, seine Freiheit auf Kosten anderer auszunutzen, hat aber noch einen anderen Effekt. Wenn wir nicht von uns aus bemüht sind, das Gute zu tun, die gesellschaftliche Ordnung durch eigenes Verhalten mitzutragen, muss der Staat zu unendlichen Kontrollen greifen und zu einem Wächterstaat werden. In China sind vielleicht die Zimmer nicht mehr so verwanzt wie früher, dafür aber sind Plätze und Straßen mit Monitoren übersät. Auch in unserem Land scheinen wir uns auf einem ähnlichen Pfad zu bewegen.

„Störfaktor" ist wiederum die Freiheit. Wir wollen alles absichern und kein Risiko eingehen – wo Freiheit herrscht, lebt aber das Risiko. Sollten die Deutschen die Sicherheit vor die Freiheit setzen, stimmte das bedenklich. Der Weg zur Selbstentmündigung und der Fremdbestimmung wäre eröffnet.

Zum Wesen des Menschen gehört die Freiheit, zur Freiheit das Risiko, der Mut zum Risiko erst macht Spaß. Ein Leben ohne Freiheit mag sicher und harmonisch verlaufen, doch Freiheit ist an der Wurzel von Spontaneität, Kreativität und Innovation. Freiheit und Risiko machen die Lebendigkeit aus, sie sind die Grundlagen von Veränderung und der Freude an Neuem.

Ethik muss der Freiheit dienen

Wie viel Ethik braucht also unser Wirtschaftssystem? So viel, dass unser Menschsein gewahrt und gefördert wird. Ethik dient nicht der Einschränkung der Freiheit, sondern sie dient der Ermöglichung von Freiheit, allerdings nicht nur der Freiheit einiger, sondern der Freiheit aller. Sie wird nur durch verantwortliches Handeln aller gewahrt. Das bedeutet die Festlegung konkreter ethischer Prinzipien, die es je nach gesellschaftlicher Entwicklung weiterzuschreiben gilt. Der Mensch bleibt derselbe, die ethischen Grundlagen ebenso. Was sich ändert, sind die konkreten Festschreibungen. Die Ethik selbst ist ein Ausdruck menschlicher Freiheit. Bewahren wir uns diese Würde gegenüber allen protektionistischen Versuchungen und staatlichen Bevormundungen.

Zusammenfassend könnte man sagen: Jegliches wirtschaftliches Handeln trägt als menschliches Tun eine ethische Dimension von gut und böse. Als Dimension menschlichen Schaffens ist sie wie die Ästhetik ambivalent. Wir tun gut daran, diese Freiheiten zu bewahren, auch wenn sie immer kritisch hinterfragt werden müssen. Der Eigennutz ist insofern berechtigt, als jeder aufgefordert ist, sich selbst zu erhalten. Er muss sich aber in die Gesamtheit der Gesellschaft und der Wirtschaft einordnen. Schnelle Gewinne werden oft zum Schaden anderer erzielt. Nachhaltiges Denken ist eine Folge von Verantwortung. Diese Verantwortung erstreckt sich über die Sorge um den Gewinn, das Unternehmen, die Mitarbeiter hinaus auf die Gesellschaft, auf ein ganzes Volk und heute im Zeitalter globaler Auswirkungen unseres Handelns auf die Völkergemeinschaft. Ethik ist letztlich eine Frage der Freiheit und damit der Verantwortung. Freiheit ist ein wunderbares Geschenk, aber die Verantwortung kann manchmal sehr unbequem werden.

Unternehmen mit Fundament

In den Börsennachrichten war vor einiger Zeit zu vernehmen, dass wieder verstärkt in Unternehmen investiert werde, die nachhaltig wirtschaften. Es sind Unternehmen, die zwar keine Spitzenrenditen erzielen, jedoch langfristig sichere Anlagen bieten. Nachhaltige Unternehmensführung wurde dabei so definiert:

- Mitarbeiterorientierte Personalführung, möglichst mit Gewinnbeteiligungsmodellen,
- Langfristig angelegte Marketingstrategie,
- Stabile Vernetzung mit Kunden und Zulieferern,
- Verlässliche Preispolitik und Vertriebswege.
- Aktive, offene und ehrliche Information und Kommunikation.

Erfreulich ist der hohe Wert, der der Personalführung zugemessen wird. Der Mensch, auch als Mitarbeiter, muss im Mittelpunkt jedes Unternehmens stehen. Alles, vom Geschäftsmodell über die Innovationsfähigkeit bis hin zum Qualitätsbewusstsein, ist schließlich von motivierten, im wahrsten Sinn des Wortes mit-arbeitenden, mit-denkenden, mit-verantwortlichen Mitarbeitern abhängig. Dieser Tatsache sollte sich jeder Unternehmer, jeder Geschäftsführer oder Vorstand stets bewusst sein.

Niemand schwebt frei im Markt

Ähnlich ist es auch mit dem Marketing. Man muss dem Kunden nahestehen, am besten mit dem Kopf des Kunden denken. Ähnliches würde auch für die Kirchen gelten, nämlich von den Gläubigen her zu denken.

So, wie kein Mensch für sich allein lebt, gibt es auch kein Unternehmen, das gleichsam im Markt frei umherschwebt. Es ist vernetzt mit seinen Kunden und seinen Zulieferern. Alle hängen voneinander ab. Ein Unternehmen ist immer auch ein kybernetisches Modell, in dem einer mit dem anderen vernetzt ist.

Vertrauen, als Markenkern vieler namhafter Unternehmen, entsteht aus Verlässlichkeit. Sie drückt sich für den Kunden, für den Verbraucher, ganz wesentlich darin aus, dass jeder weiß, welches Produkt in welcher Qualität er zu einem fairen, überall gleichen Preis erhält. Wo der „Markenkern" des christlichen Glaubens, die Botschaft Jesu als frohe und frei machende Botschaft verkündet wird, ohne in die Tagespolitik auszuweichen, wird sie überall verstanden und ist weltweit erfolgreich. Sie gibt Kraft fürs Leben.

Ehrliche Kommunikation bewirkt Nachhaltigkeit

Offene und ehrliche Information und Kommunikation ist ebenfalls ein Markenzeichen vieler gut angesehener Unternehmen, nicht nur von Aktiengesellschaften, die ja ihre Anteilseigner regelmäßig über den Geschäftsverlauf unterrichten müssen. Auch hier trennt sich der Weizen von der Spreu derer, die nur positive und meist geschönte Nachrichten verlauten lassen. Es ist einfach kurzfristig gedacht, oft in der Hoffnung auf die Vergesslichkeit der Menschen, Probleme totzuschweigen und sich immer nur ins Licht des Erfolges zu stellen.

Nachhaltigkeit zeigt sich auch in einer ehrlichen Geschäfts- und Informationspolitik, die auch bei Fehlern, oder in schlechteren Zeiten klar sagt, was gesagt werden muss. Im Krisenjahr 2009, in dem viele Unternehmen ums

Überleben kämpfen mussten, schlug für viele die Stunde der Wahrheit, gerade wenn es um Personalprobleme ging. Diejenigen, die zu ihren Mitarbeitern gestanden haben, gehören jetzt auch zu denen, die am schnellsten wieder Anschluss gefunden haben und heute wieder gut dastehen. Der Blick auf die biblische Erzählung von den sieben fetten und den sieben mageren Jahren hilft uns auch hier, aus der Geschichte der Menschheit zu lernen. Wenn das Fundament tief genug gelegt ist, wird es auch Stürme überstehen.

Führen oder managen – eine ethische Betrachtung

Worin liegt der Unterschied zwischen führen und managen? Management ist mehr die technische, strategische Seite, bei der Führung geht es um den Umgang mit Menschen, die Hinführung der Mitarbeiter auf ein bestimmtes Ziel. Die Unterschiede können fließend sein. Ein selbständiger Unternehmer, ob Inhaber oder zugleich auch Geschäftsführer, kann, muss auch ein Manager sein, ein angestellter Manager oder Vorstand kann, muss auch ein Unternehmensführer sein, vor allem dann, wenn er sich mit seinen Aufgaben vollständig identifiziert. Er muss mit Menschen umgehen und sie motivieren können. Der Unternehmer leistet im besten Wortsinn das, was man auch von einem Manager erwarten möchte: Er unternimmt Werte-Schöpfendes für sein Unternehmen, für die Gesellschaft, natürlich auch für sich und seine Familie. Es gibt durchaus Persönlichkeiten, die beides miteinander verbinden können: Führen und managen.

Wir Benediktiner sind ein „Verein" besonderer Art. Wir sind zwar global vertreten, jedoch kein Wirtschaftsunternehmen mit vorrangigen Ergebniszielen im materiellen Sinn, aber auch ein Abtprimas muss führen, vor allem im Sinne von moderieren, inspirieren, Ziele setzen, planen, modernisieren und zusammenhalten, die Klöster zur Zusammenarbeit bewegen und mitunter konsolidieren. In erster Linie bedeutet Führung hier aber: mit vielen Menschen zusammenarbeiten, nicht nur mit den Brüdern und Schwestern in den Klostergemeinschaften, sondern darüber hinaus mit Menschen verschiedenster Berufe: Lehrern, Architekten, Rechtsanwälten, Journalisten, Verlegern …

In diesem Zusammenhang noch einmal die Frage: Was bedeutet führen, und was bedeutet managen? Was kann Führung leisten, was Management? Wann wird eine Führungspersönlichkeit verlangt, wann ein Manager?

Vergleichen wir einmal die Aufgaben eines Kapitäns und eines Versicherungsmanagers:

- Der *Kapitän* ist uneingeschränkt verantwortlich für Besatzung und Schiff. Nach alter Diktion hört alles auf sein „Kommando". Seine Vollmachten sind untrennbar verbunden mit seiner Verantwortung, und sie sind zeitlich unbeschränkt.
- Der *Versicherungs-Geschäftsführer* ist verantwortlich für den Markt seiner Gesellschaft und seines Produktes. Er muss den Markt gestalten, natürlich mit Hilfe von Mitarbeitern, die er anleitet und einsetzt. Seine Vollmachten sind erfolgsabhängig und damit zeitlich beschränkt.

Der wesentliche Unterschied zwischen Kapitän und Versicherungs-Geschäftsführer liegt vordergründig in den Vollmachten und im Gestaltungsrahmen. Wenn wir aber genau hinschauen, merken wir, dass die wichtigste Aufgabe des Kapitäns in der Führung seiner Mannschaft liegt, während der Versicherungsmanager mehr mit der *Lösung und Abwicklung von Vorgängen* zu tun hat. Menschenführung ist hier eher eines der Mittel zum Geschäftszweck.

Ein *Unternehmensführer* muss also keineswegs gleichzeitig ein reiner Manager sein, der Ziele verfolgt und auf dem Weg dorthin Probleme löst, sondern einer, der selbst Manager führt. Ein feiner Unterschied.

Was führen bedeutet

Ich möchte diesen komplexen Vorgang in zehn Eigenschaften näher charakterisieren. Sie stehen in ähnlicher Form auch in unserer Benediktregel und sind, so meine ich, überall gültig und wichtig, wo immer Menschen zusammenarbeiten, ob in Klöstern, Unternehmen oder anderswo.

Führen bedeutet:
1. Kommunizieren, miteinander reden.
2. Ziele setzen und delegieren.
3. Probleme analysieren und lösen.
4. Kreative Unruhe schaffen.
5. Klarheit schaffen.
6. Hinterfragen, kontrollieren.
7. Motivieren im Sinne des „Sich-Kümmerns".
8. Erfolgserlebnisse schaffen und feiern.
9. Abläufe permanent überprüfen.
10. Konstruktive Kritik pflegen.

Dazu setzt man entsprechende Eigenschaften bei der Führungsperson voraus. Auch hier möchte ich zehn unerlässliche Eigenschaften und Fähigkeiten zur Diskussion stellen, die man weniger erwerben und per Handbuch erlernen kann, sondern sich erarbeiten muss, in kontinuierlicher Selbstreflexion.

Wer führen will, muss ...

– in erster Linie *Menschen mögen*, zunächst einfach so, wie sie sind, aber auch mögen in dem Sinne, dass er sie persönlich fördert und ihnen zu ihrer Identität verhilft. Es geht um den andern, nicht um mich.

- zweitens *glaubwürdig* sein und bleiben. Reden und Handeln müssen übereinstimmen.
- drittens *optimistisch* sein. Charisma, also Ausstrahlung kann nur aus einer optimistischen Grundeinstellung kommen.
- viertens muss er *lernfähig* bleiben, ein Leben lang.
- fünftens *offen* sein, auf die Menschen zugehen.
- sechstens ständig *präsent* sein – auch im Sinne der angesprochenen kreativen Unruhe, präsent aber auch bei den Mitarbeitern, sich für Ihre Arbeit interessieren, sehen, ob und wo der Schuh drückt.
- siebtens *konfliktfähig* sein – Problemen niemals aus dem Wege gehen, oder sie verschleppen.
- achtens *Kritik* nicht nur *üben*, sondern auch *aushalten* können.
- neuntens in seiner eigenen Ungeduld auch *geduldig* sein können – die Zeit methodisch nutzen, sie aber auch für sich arbeiten lassen.
- und zehntens: sich *selbst motivieren*, Ziele setzen und Erfolgserlebnisse schaffen können.

Vor allem aber: Wer führen will, muss mit seinem Herzen hören können. Er muss die Menschen lieben. Ein Misanthrop wäre nicht geeignet, weil er an sich selbst scheitern würde.

Und noch eines: Er muss souverän sein, Distanz zu sich, seinem Machtstreben, seinem Verlangen nach Anerkennung, Geld und Besitz haben. Der italienische Ministerpräsident Mario Monti, der sich zum Ziel gesetzt hat, sein Land aus der wirtschaftlichen Misere herauszuführen, hat auf sein Salär verzichtet, weil er über ein hinreichendes Vermögen verfügt. Er braucht nicht noch mehr. Das nenne ich Souveränität.

Wer, als Unternehmer oder als Manager, zumindest einen großen Anteil an diesen Fähigkeiten in seine tägliche Arbeit einbringen kann, erfüllt die Anforderungen, welche die zukünftige Arbeits- und Berufswelt an Führungskräfte stellt: die so notwendige wie dringende Umgestaltung unserer Gesellschaft in eine freie, nicht nur dem Gewinn, sondern auch dem Gemeinwohl verpflichtete ökosoziale Marktwirtschaft.

Stichwort Erfolgserlebnisse: Unter dem Strich muss in unserer Gesellschaft ja immer der Erfolg stehen. In den USA trennt man die Menschen ziemlich gnadenlos in Winner (Gewinner) und Loser (Verlierer). Und es stimmt: Erfolgserlebnisse kann man nie genug haben. Nur: Es muss und kann nicht immer der „big shot" – die große Nummer, das große Geschäft – sein, wie ihn manche Chefs von ihren Mitarbeitern einfordern – und sie damit oft heillos überfordern. Man sollte die großen Erfolgserlebnisse zwar suchen, aber man muss auch mit den ganz kleinen zufrieden sein können: einem guten Text, einer Trendwende von Minus zu plus minus Null, oder ganz einfach mit einem freundlichen Lächeln einer Kollegin oder eines Kollegen. Es ist ein Allgemeinplatz: Erfolg besteht zu neun Zehnteln aus Schweiß und zu einem Zehntel aus Kreativität, oder jeweils zur Hälfte aus Intuition und Arbeit. Wie auch immer: Wir sollten dabei die Freude nicht vergessen. Sonst war es aller Mühe nicht wert.

8 Wie wir die Umkehr schaffen können

Formeln für Nachhaltigkeit

Wir können uns ausrechnen, was auf uns zukommt, auf uns persönlich, auf unsere Gesellschaft, auf unser Wirtschafts- und Finanzsystem, und wir sind uns der Verantwortung, die wir in Freiheit tragen, bewusst. Wie können wir darauf reagieren? Welche Mittel und Methoden stehen uns zur Verfügung?

Dabei sollte auch die geistliche Dimension des Menschen nicht vergessen werden. Mathematik und deren Hilfswissenschaften wie Prognose und Statistik allein reichen nicht. Wenn wir über unsere nachhaltige Zukunft nachdenken, geht es immer um die Bedürfnisse des ganzen Menschen, auch der folgenden Generationen.

Mit Hilfe der Mathematik, dieser großartigen abstrakten Wissenschaft, lassen sich Denkmodelle entwerfen, die uns veranschaulichen, was in der nachhaltigen Zukunft auf uns zukommt. Die Aufgaben, die zu lösen sind, ähneln Gleichungen mit mehreren Unbekannten: Um welchen Faktor muss das Bruttosozialprodukt erhöht werden, um im Jahr 2050 ein Drittel mehr Menschen, neun statt sieben Milliarden, bei gestiegenen Ansprüchen zu ernähren? Oder: Wenn der CO_2-Ausstoß bis zum Jahr 2050 weltweit um die Hälfte gesenkt werden muss, welcher Reduktionsanteil entfällt dann auf jeden einzelnen Menschen? Viele solcher Modellrechnungen und Relativitätsbetrachtungen sind möglich. Allerdings bleiben es

Modelle. Unbekannte Faktoren können sie rasch wieder zunichte machen.

In seinem 1995 erschienenen Buch „Faktor 4"* plädiert Ernst Ulrich von Weizsäcker, von 1991 bis 2000 Präsident des Wuppertal-Institutes für Klima, Umwelt, Energie und Mitglied des „Club of Rome", dafür, verdoppelten Wohlstand bei halbiertem Ressourcenverbrauch bis zum Jahr 2050 zu erreichen. Inzwischen hat er dieses Ziel in seinem 2010 erschienenen Buch auf „Faktor 5" aktualisiert. Das ist sicher schon an sich ein ehrgeiziges Ziel, aber es ist in weiter Ferne, wenn wir die Realität sehen, und die weist nach wie vor einen absolut zunehmenden Ressourcenverbrauch und zunehmende Umweltbelastung aus. Sollten diese ökonomischen Rahmenbedingungen sich nicht grundlegend verändern, bräuchte die Menschheit bis zum Jahr 2050 nicht 1,2 Planeten, die sie heute bereits bräuchte, um die Belastung ihres ökologischen Trägersystems – Erde-Luft und Wasser – zu verkraften, sondern 2,4 Planeten.

Eine andere Hochrechnung beschreibt die mögliche Steigerung der Produktivität, vor allem bei der Wiederverwendbarkeit der Rohstoffe, die bei gesteigerter Umweltverträglichkeit eine zehnmal höhere Wertschöpfung ergeben würde.

Norden und Süden müssen sich angleichen

Diese Ökobilanz könnte, so das Ziel des Montrealer Protokolls von 1987, dem ersten völkerrechtlich verbindlichen Vertrag des Umweltrechts, zu einem größeren Anteil der armen südlichen Hemisphäre zugutekommen, die ihren Wohlstand vervielfachen könnte, während sich

---

* Siehe Quellen, 16

der reiche Norden deutlich zurückhält und nur noch ein jährliches Wachstum von 1,5 Prozent im Mittelwert der nächsten 50 Jahre erzielt. Damit könnte der soziale Ausgleich im Nord-Süd-Gefälle vom derzeitigen Niveau eines Reich-Arm-Verhältnisses von 80:20 auf ein verträglicheres Verhältnis von 70:30 verringert werden, wie beispielsweise auch zwischen Ländern innerhalb der EU. Das wäre immerhin ein hoffnungsvoller Ausblick.

Derartige Prognosen enthalten noch viele unbekannte Größen, und sie gehen von einem technischen Fortschritt aus, dessen Folgen wir wiederum noch nicht abschätzen können. Die absehbaren Möglichkeiten bei den Umwelttechnologien, in der Energieversorgung und der Wiederverwertung, der Ressourcenschonung und der Kommunikationstechnologie geben Grund zur Hoffnung. Kreativitätsdrang und Leidensdruck waren immer schon Faktoren, die uns Menschen zu großen Leistungen befähigten.

All das zu einer gemeinsamen Anstrengung zusammenzubringen, bedarf eines internationalen Zusammenwirkens. Vielleicht bringt die gemeinsame Sorge die Menschen stärker einander näher, als alle rein politischen Diskussionen. Der „Kampf der Kulturen" hat keine Chance, wenn alle gemeinsam an einem Tisch sitzen und sich miteinander bemühen, wenn die Größeren und Stärkeren sich nicht mehr arrogant über die Kleineren erheben. Dann wären alle Sieger. Aber vielleicht ist das nur ein frommer Traum.

Trotzdem trägt mich mein Glaube, dass Gott, der uns seine Schöpfung anvertraut hat, nicht allein lässt, wenn wir unsere Verantwortung wahrnehmen.

Los-lassen und Los-gelassen sein

Mönchisches Leben nach der Benediktregel ist *ein* Weg in die Freiheit. Doch können wesentliche Elemente dieser alternativen Lebensweise auch außerhalb eines Klosters ausgeübt werden.

Die Regel Benedikts von Nursia aus dem 6. Jahrhundert besitzt noch erstaunliche Aktualität. Sie verbindet die Erkenntnis und Weisheit der Antike und der Bibel mit den notwendigen Anpassungen an die jeweilige Zeit. Ihre Zeitlosigkeit gründet in anthropologischen Einsichten in das Verhalten des Menschen, vor allem in sein Zusammenleben mit anderen. Sie weist den Weg zu wahrer innerer, menschlicher Freiheit, zur Freiheit von sich in der Ehrfurcht vor dem anderen und in der Kooperation mit ihm. Der Mensch wird in seinem Schöpfer verankert. Nicht der Mensch in sich ist das Ziel, sondern er blickt über das Diesseits hinaus und durchbricht seine Selbstbezogenheit. So wird er gemeinschaftsfähig und solidarisch. Diese Regel hat sich als nachhaltig erwiesen. Sie vermittelt unzähligen Menschen seit 1500 Jahren Orientierung. Nicht das Festklammern an sich bringt unser Menschsein zur Erfüllung, sondern das Loslassen.

Aufbrechen und loslassen, frei werden

Loslassen und Immer-wieder-neu-aufbrechen-Können ist eine Lebenskunst, die eine entscheidende Voraussetzung für eine nachhaltige, freiheitliche Lebensweise ist. Loslassen-Können von der Gier nach Geld und Besitz, von der steten Durchsetzung seines eigenen Willens, von der Hartnäckigkeit, dem Geltungsstreben, all das befreit uns für eine menschlichere Zukunft.

Das Wort Jesu an seine Jünger: *„Nehmt nichts mit auf den Weg, keinen Wanderstab und keine Vorratstasche, kein Brot, kein Geld und kein zweites Hemd"* (Lk 9,3) gilt nicht für uns. Aber es könnte uns anregen, die vielen aufgehäuften Dinge in unseren Wohnungen einmal mit Abstand zu betrachten. Wer einen Pilgerweg gegangen ist, hat unter anderem die befreiende Wirkung erfahren, mit wie wenig Ballast wir auskommen können, wie wenig wir zum Leben brauchen.

Das geflügelte Wort Jesu „Eher geht ein Kamel durchs Nadelöhr, als dass ein Reicher in das Reich Gottes kommt" bleibt gerade heute eine Herausforderung. Mit Reichtum kann viel Gutes geschehen, wenn wir fähig werden, auf Distanz zu unserer Habgier gehen.

Nur so erwächst allen, die loslassen wollen und können, das Geschenk der Gelassenheit. Nicht mehr von fremdbestimmten Zwängen getrieben sein, von den permanenten Einflüssen der Werbung, von der Gier, immer mehr Vermögen anzuhäufen, mehr als wir zum Leben benötigen: Das ist die Freiheit, die gelassen macht.

Dem Verdienen einen neuen Sinn geben

Uns Benediktinern ist es keineswegs verboten, nach unseren Fähigkeiten Geld zu verdienen. Mit einer wesentlichen Unterscheidung: Wir verdienen und verbrauchen es nicht für uns selbst, sondern für die Gemeinschaft, die uns wiederum das gibt, was wir brauchen. Es gibt kein Privatvermögen, sondern alle tragen zum Unterhalt der Gemeinschaft und ihrer Aufgaben bei. Die Honorare der erfolgreichen Buchautoren wie Pater Anselm Grün aus dem Kloster Münsterschwarzach und Altabt Odilo Lechner von St. Bonifaz in München kommen nicht ihnen nicht selbst zu Gute, sondern ihren Klöstern. Gleiches gilt auch für mich: Von meinen Einkünften als Buchautor fordere und erhalte ich keinen Cent. Sie fließen ausnahmslos in Förderprojekte wie dringend erforderliche Sanierungs- und Erweiterungsarbeiten in unserem Kloster San Anselmo in Rom und unsere Hochschule, auch in die Unterstützung von Studenten aus armen Ländern.

Wie schwer es ist, loszulassen, auch dann wenn es sich nicht um Besitz und Vermögen handelt, sondern um die letzten Dinge des Lebens auf dieser Welt, erfahren wir bei Menschen auf dem Sterbebett. Sie wollen noch so vieles erledigen, bevor sie aus dem Leben scheiden. Sie haben noch ganz alltägliche Dinge zu tun, aber auch offene Wunden zu schließen. Für die Aussöhnung mit manchem Menschen bleibt leider oft nicht mehr die Zeit. Ironischerweise ist der Streit unter Geschwistern und Angehörigen oft durch das leidige Geld, durch das Erbe schon vorprogrammiert. Geradezu grotesk wird es, wenn der Tod des Arafat mit allen ärztlichen Künsten hinausgezögert wird, damit er sein immenses, auf Kosten anderer erworbenes Vermögen noch günstig vererben kann.

Dabei wäre das Bewusstsein unserer Endlichkeit ein Maßstab für unser Leben. „Den Tod täglich vor Augen haben", rät Benedikt seinen Mönchen, nicht um ihnen Angst einzujagen, sondern um sie zum Realismus zu führen. Vieles wird dann relativ, vieles können wir loslassen und unser Leben einmal vertrauensvoll in die Hände Gottes übergeben.

Ruhe statt Stress: Wie wir ein inneres Tempolimit finden

„In der Ruhe liegt die Kraft", sagt der Volksmund. Ein Satz, so einfach und so wahr. Er geht wohl auf ein ähnliches Zitat von Konfuzius zurück. Dieser Satz stand auf einem Aufkleber, der lange Zeit meine Zimmertür schmückte. Und ich gehe noch ein Stück weiter: „Bei Gott allein kommt meine Seele zur Ruhe", die Einleitung zum Psalm 62. Dort ist der Anker.

Wenn wir unruhig, zappelig und unkonzentriert werden, gelingt uns nichts mehr. Wir sind wie gelähmt. Stress nennt man diese Erscheinung, sie ist ein modernes Volksleiden, das vielfach bis zum „Burn-out" führt, dem „Ausgebrannt-Sein", das sich in seelisch bedingter Arbeitsunfähigkeit oder gar in einem Nervenzusammenbruch äußert.

Das innere Gleichgewicht

Stress ist die Abwesenheit von Ruhe und Stille. Stress überkommt uns, wenn wir, meist unter Zeitdruck, die Kontrolle verlieren, aus dem inneren Gleichgewicht kommen. Stress bestimmt unser Handeln, wenn wir nicht mehr „Herren des Verfahrens" sind, von den Verhältnissen getrieben werden, nicht mehr Treibende sind, und die Entwicklungen nicht mehr selbst bestimmen oder zumindest mitbestimmen können, sondern den Dingen ohnmächtig ihren Lauf lassen müssen. Stress ist Hilflosigkeit, und Hilflosigkeit kann Menschen in Krisen bis in den Wahnsinn treiben.

Viele von uns leben in einem labilen, fragilen Zustand, den wir jedoch wieder ins Lot bringen können. Und zwar nicht mit Medikamenten, sondern der Kunst, sich aus der lauten Welt zurückzuziehen und die Ruhe, die Stille zu suchen. „Was immer du erwirbst, erwirbst du nur in der Stille und göttlich ist nur, was im Schweigen geworden ist", sagte Sören Kierkegaard (1813–1885), der große dänische Philosoph und Theologe. In der Stille werden wir mit uns selbst konfrontiert, müssen lernen, uns auszuhalten und uns mit unserer eigenen Wirklichkeit auseinanderzusetzen, Probleme anzugehen und aufzuarbeiten.

Der tatsächlichen oder gefühlten Überbeanspruchung können wir vorbeugen, indem wir uns einen geregelten Tageslauf zulegen. Benedikt schreibt seinen Mönchen die Balance von „Ora et labora" vor. Dem Gottesdienst solle nichts vorgezogen werden. Die Handarbeit nimmt bei Benedikt einen wichtigen Stellenwert ein, nicht nur für den Unterhalt der Gemeinschaft, sondern auch aus arbeitstherapeutischen Gründen: „Müßiggang ist der Feind der Seele." Die arbeitsfreie Zeit soll sinnvoll ausgefüllt werden, durch Gebet und Lesung, und innerhalb des Klosters soll eine Atmosphäre der Stille herrschen. Geregelter Tageslauf und Stille ermöglichen und, den auch bei uns immer stärker werdenden äußeren Einflüssen der lärmenden, chaotischen Welt zumindest für ein paar wertvolle Stunden zu entfliehen, zu sich und zu Gott zurückzufinden und die Gemeinschaft der anderen zu erfahren. So wird auch die Einsamkeit des Menschen aufgewogen, die er in der Stille sich breitmachen kann, und weshalb wir nach Zerstreuung in der Arbeit und lautem Getöse suchen.

Diese Balance zwischen kreativer Ruhe und konzentriertem, aber auch fröhlichem Schaffen ist ein Geheimnis der Lebenskunst, wenn ich auch zugeben muss, dass mir selbst dieser Ausgleich nicht immer so gelingt, wie ich mir das wünsche.

Das Tempo herausnehmen, im Gleichmaß leben

Welchen Bezug haben diese Betrachtungen zum Phänomen Stress und sinnvolle Lebensgestaltung, zu unserem Leitthema „Nachhaltig in die Zukunft"? Seit Langem beobachte ich, und viele Gespräche bestätigen es mir, dass viele berufstätige Menschen mit dem hohen Tempo unserer Zeit nicht mehr schritthalten können. Sie bleiben zurück und leiden darunter. Sie geraten in die Stresssituation derer, die sich abgehängt fühlen, scheinbar nicht mehr leistungsfähig genug sind. Es ist gewiss keine Floskel, wenn behauptet wird, dass unsere Zeit tatsächlich so schnelllebig, so hektisch ist, wie wahrscheinlich keine zuvor. Die Veränderungen, die früher im Laufe von Generationen kontinuierlich geschehen sind, laufen heute in großen Schritten während unserer Lebenszeit ab:

„Eins, zwei, drei im Sauseschritt/ Läuft die Zeit, wir laufen mit", dichtete zwar Wilhelm Busch bereits im scheinbar so gemütlichen 19. Jahrhundert, doch so einfach können wir Menschen von heute uns dann doch nicht mehr anpassen. Wir können uns aus dem „Tempo der Welt" nicht generell verabschieden und alle auf Inseln der Langsamkeit zurückziehen. Aber wir müssen in uns auch die Kraft ausbilden, andere Zeitformen zu leben widerständig zu werden gegen Überforderungen, die unsere Psyche nicht mehr aushält. Das Tempo und die Innovationsgeschwindigkeit vor allem der medialen Kommunikation zwingen uns eher dazu, zu reagieren statt zu agieren. Wenn wir da keine Gegenkräfte entwickeln, laufen wir Gefahr, uns dem Chaos zu nähern.

„Multitasking"

Zu den neuen Wortschöpfungen der Gesellschaft der Getriebenen zählt „Multitasking" – mehrere Aufgaben gleichzeitig bearbeiten. Es ist eine typische Erscheinung des Computer-Zeitalters. So, wie man am Computer gleichzeitig mehrere Fenster öffnen kann, um zugleich z. B. einen Text zu schreiben, Nachrichten zu verfolgen und womöglich noch sein Lieblingsspiel zu spielen – Multitasking ist einer dieser Stresstreiber, die krank machen können.

Der italienische Journalist Francesco Cirillo* hat gegen die Krankheit des Multitasking übrigens eine probate Methode entwickelt. In den achtziger Jahren litt er darunter, dass es ihm nicht gelang, sich auf sein Studium zu konzentrieren. Sobald er sich über seine Bücher beugte, wanderten seine Gedanken, oder seine Mitbewohner lenkten ihn ab. Irgendwann wurde es ihm zu bunt. Er stellte eine Küchenuhr (sie war aus Plastik und hatte die Form einer Tomate, ital.: Pomodoro) auf seinen Schreibtisch, stellte sie auf zehn Minuten ein – und beschloss erst mit dem Lernen aufzuhören, wenn die Uhr klingelte. Und siehe da: Es klappte. Nach einer kleinen Pause wiederholte Cirillo diesen Ablauf. Die Pomodoro-Technik war geboren!

Inzwischen hat sich die Pomodoro-Technik über die ganze Welt verbreitet. Sie hilft gegen die zwei Seuchen der modernen Arbeitswelt: das Multitasking und die Überforderung durch pausenloses Schuften. Überhaupt bestimmt die zunehmende, unglaubliche Geschwindigkeit von Prozessoren, Programmen und Internet-Hoch-

---

* Siehe Quellen, 16

geschwindigkeitsleitungen zunehmend unseren Lebensrhythmus. Es ist Segen und Fluch zugleich.

Zeitmanagement heißt den Tag strukturieren

Es liegt letztlich an uns, ob wir uns vom Tempodiktat unserer Computer mitreißen lassen, oder ob wir sie als Werkzeuge benutzen, mit denen wir Aufgabe für Aufgabe nacheinander abarbeiten. Wir müssen uns eine Art inneres Tempolimit und ein Innehalten auferlegen, um durchzuatmen und frische Kraft zu schöpfen. Zu den Methoden, die uns darin unterstützen, gehört ein Zeitmanagement, das Zeit und Raum für schöpferische Pausen lässt, und, wie schon gesagt, eine klare Tagesstruktur. Stress und zu hohes Tempo werden dadurch immer wieder ausgebremst.

Die einen nehmen sich Zeit für Hobbys wie Musik, Malen und Handwerken, andere ziehen sich zurück in die Mediation oder das Gebet. In der Mediation findet der Mensch zu sich selbst; im Gebet, beispielsweise am Morgen im Vorblick auf den Tag. Am Tagesende Rückschau auf das zu halten, was gelungen und misslungen oder zu kurz gekommen ist, auf die Begegnung mit Menschen, und alles vor Gott zu bringen, ihm zu überantworten, schenkt Versöhnung und Mut für den nächsten Tag, eine gute Voraussetzung auch für einen erholsamen Schlaf, ein Aussteigen aus dem Multitasking und der ständigen Selbstüberforderung.

„Warum bist du so aufgelöst, meine Seele, und voller Unrast in mir?" hat der Psalmist vor zweieinhalbtausend Jahren schon gerufen. Und er gibt die Antwort: *„Harre auf Gott; denn ich werde ihm noch danken, meinem Gott und Retter, auf den ich schaue."* (Ps 42,6)

9 Wege in eine nachhaltige Zukunft

Ökosozial oder marktradikal? Wege in eine nachhaltige Zukunft

Nachhaltige Lösungen, die wirklich in die Zukunft reichen, haben eine doppelte Perspektive: Unsere eigene, persönliche, subjektive – wie können wir unseren Lebensstil neu ausrichten, vielleicht zufriedener leben? – und die wirtschaftliche, strukturelle Seite – wie können die globalen Bedingungen angepasst, geändert, beeinflusst werden? Aus dieser doppelten Perspektive heraus komme ich in diesem abschließenden Kapitel sowohl zu politischen, als auch zu persönlichen und spirituellen Ansätzen für eine nachhaltige Zukunft.

Der marktwirtschaftliche, politische Ansatz

Vor gut 150 Jahren entstand mit der Industrialisierung der Kapitalismus. Im ungeheuren Kapitalbedarf der rasch wachsenden Industrie hatte er durchaus seine Existenzberechtigung. Es war eine Zeit des radikalen Umbruchs von der stillen Agrarwirtschaft zu den dampfenden Eisenbahnen, den lauten Maschinenhallen in den Fabriken und den stinkenden Stahlhochöfen. Das Zentrum dieser Schwerindustrie war Mittelengland, aber auch das Ruhrgebiet und Pennsylvania und Ohio in den noch jungen Vereinigten Staaten von Amerika.

Kein Wunder, dass sich eine ideologische Gegenbewegung in dem entstehenden, noch weitgehend rechtlosen Industrieproletariat in England bildete: mit dem aus Trier stammenden Philosophen und politischen Ökonomen Karl Marx (1818–1883) an der Spitze. Sein dreibändiges Hauptwerk „Das Kapital" begründete letztlich Sozialismus und Kommunismus als Gegenmodell zum Kapitalismus. Seine Theorien werden bis heute kontrovers diskutiert, haben sich aber in der Praxis in verschiedenen Volkswirtschaften Osteuropas und in Kuba als nicht realistisch und nicht menschengerecht erwiesen.

Die soziale Marktwirtschaft hat sich als stabiles Fundament für den sozialen Frieden erwiesen

Hat also der Kapitalismus sich als das bessere, effektivere Wirtschaftsmodell durchgesetzt? Nein. Er wurde bei uns und in vielen anderen Ländern nach dem Zweiten Weltkrieg durch die soziale Marktwirtschaft ersetzt, die auf freiem Unternehmertum gründet, aber auch auf der Teilhabe der produktiv schaffenden Menschen am erwirtschafteten Sozialprodukt, und auf einer sozialen Absicherung derer, die aus diesem Prozess durch Alter oder Krankheit ausscheiden. Die soziale Marktwirtschaft, getragen von einer Balance zwischen Arbeitgebern und Arbeitnehmern, hat sich als stabiles Fundament für den sozialen Frieden erwiesen.

Der Kapitalismus hatte sich in der Zwischenzeit hinter den glitzernden Fassaden der Wolkenkratzer von Investmentbanken in Manhattan, London, Hongkong und Dubai verborgen. Im Jahr 2008 zeigte er dann sein wahres Gesicht: getrieben von Gier und längst nicht mehr als Dienstleister der realen Wirtschaft, sondern als dubioser

Makler von spekulativen Anlage- und Vermögensmodellen. Die größte Finanzkrise seit dem US-Börsencrash war die Folge. Sie stürzte vor allem Kleinanleger in den finanziellen Ruin.

Nach diesem Schnelldurchgang durch 150 Jahre moderner Wirtschaftsgeschichte geht es darum, aus der Entwicklung zu lernen und die richtigen Schlüsse für die Zukunft zu ziehen.

Kann die soziale Marktwirtschaft weiterentwickelt werden?

In den vergangenen 60 Jahren hat sich die soziale Marktwirtschaft zweifellos als bisher erfolgreichstes wirtschaftliches Modell bewährt. Es gibt also keinen Grund, sie durch eine andere Wirtschaftsform abzulösen. Es gibt aber gute Gründe, sie weiterzuentwickeln. Aber wohin?

Es gibt durchaus bereits mehr als theoretische Denkmodelle für eine Weiterentwicklung, unter anderem in Richtung der *ökosozialen Marktwirtschaft*.* Dieses Modell dürfte global am angemessensten sein.

Eine globalisierte ökosoziale Marktwirtschaft kann uns nachhaltig helfen

Einer der gedanklichen Vorreiter der ökosozialen Idee, der frühere österreichische Vizekanzler Josef Riegler, hat das Modell so charakterisiert: „Fundament der Ökosozialen Marktwirtschaft ist eine leistungsfähige, innovative Wirtschaft, die auf der Dynamik eines freien, aber in geeigneter Weise regulierten Marktes, auf Eigentum, Leistung und Verantwortung beruht. Darauf ruhen zwei star-

---
* Siehe Quellen, 17

ke Säulen. Die eine bedeutet sozialen Ausgleich, das heißt faire Verteilung der erwirtschafteten Güter, um einen nachhaltigen Konsens innerhalb der Gesellschaft zu erreichen. Die andere bedeutet Schutz der Umwelt. Sie ist schlechthin die Voraussetzung für das Überleben der Gesellschaft."

Es geht um das Gleichgewicht zwischen Wirtschaft, Solidarität und Umweltschutz

Die ökosoziale Marktwirtschaft als Weiterentwicklung der sozialen Marktwirtschaft verbindet – als Konzept – das Erfolgsmodell der sozialen Marktwirtschaft der vergangenen 60 Jahre mit dem Zukunftsentwurf der Hinwendung zu einem längerfristigen, nachhaltigen Wirtschafts- und Lebensmodell. Es geht nicht darum, eine Revolution zu beginnen, sondern einfach darum, aus den Fehlentwicklungen zu lernen und sie wieder in Ordnung zu bringen. Wir schauen nach vorne und richten uns wieder nach unserer Verantwortung für die kommenden Generationen aus. Das Zukunftsmodell der Ökosozialen Marktwirtschaft bringt drei Prinzipien zusammen, die bisher häufig separat betrachtet wurden: ein Gleichgewicht zwischen leistungsorientierter Wirtschaft, Solidarität und dem Schutz der Umwelt.

Die ökosoziale Marktwirtschaft ist auch eine logische Folge der Globalisierung des sozialen und wirtschaftlichen Lebens in der vergangenen Generation. Die Globalisierung hat unsere Welt durch moderne Transport- und Kommunikationsmittel kleiner gemacht, vielen auch ganz neue Chancen eröffnet. Sie hat auf der anderen Seite aber auch zahlreiche neue Fehlentwicklungen ausgelöst, vor allem soziale Ungerechtigkeiten. In vielen Ländern

Asiens, Afrikas und Südamerikas herrschen Arbeitsbedingungen, die bei uns niemand akzeptieren würde. Dafür stehen schon die Gewerkschaften ein. Es gibt die unerträgliche Praxis der Kinderarbeit: Man beutet die Kinder nicht nur aus, sondern verwehrt ihnen ohne Ausbildung auch die Zukunftschancen. Bei meinen Besuchen in den Ländern der Dritten Welt, aber auch in den stark aufstrebenden künftigen Wirtschafts-Großmächten China und Indien sehe ich die Opfer, die Menschen dort auf sich nehmen, um sich nur einen kleinen Teil des Wohlstandes zu verdienen, der für uns selbstverständlich ist. Hoffentlich können die nächsten Generationen unter menschenwürdigeren Bedingungen leben.

Auswege aus der schleichenden Entwertung von Arbeit

Die Globalisierung vor allem der produzierenden Wirtschaft bringt natürlich nicht nur in den neuen Industrieländern soziale Umwälzungen mit sich – sie führt auch bei uns zu Folgen, die wir noch nicht so schmerzhaft spüren, die sich aber abzeichnen. Der Verlust von zahllosen Arbeitsplätzen im produzierenden und verarbeitenden Gewerbe wird ja in der Regel durch weniger werthaltige Arbeitsplätze im Dienstleistungsgewerbe nur unzureichend ersetzt. Unsere einzige Chance, dieser schleichenden Entwertung von Arbeit in einem Hochlohnland wie Deutschland zu entgehen, ist Höherqualifizierung durch Bildung. So werden wir unseren Arbeitsmarkt demnächst mit qualifizierten Kräften aus den Ländern Osteuropas, aber auch Afrikas versorgen müssen, auch, wenn dies manchen Menschen bei uns noch nicht gefällt.

Die fehlende Balance im globalisierten produzierenden Gewerbe wird jedoch noch übertroffen durch die Ungerechtigkeiten im Welthandel. Auch hier fehlen noch die internationalen Regeln für einen fairen sozialen Ausgleich. Freier Welthandel, so heißt es, sei für alle, die irgendwo produzieren und überall verkaufen, der beste Weg zur Überwindung der Armut. Das wäre im Prinzip richtig, ist in der Praxis aber leider eine Illusion, weil zu viele Zwischenhändler daran verdienen und immer noch zu viele Schranken vorhanden sind.

Warum das marktradikale Modell an seine Grenzen gestoßen ist

Ich bin kein Wirtschaftstheoretiker, sondern erfahre und erlebe Menschen rund um die Welt. Ich versuche, die Welt aus dem Blickwinkel der Nöte der Menschen zu sehen.

Wenn ich gefragt werde: Gibt es eine Alternative zur ökosozialen Marktwirtschaft?, kann ich zunächst nur so antworten: Das vorherrschende marktradikale Modell, das auf dem Prinzip des freien Handels beruht, ist nach meiner Überzeugung an seine Grenzen gestoßen, weil es die soziale Spaltung in Arm und Reich ständig vertieft.

Der Unfug der weltweiten Transporte von Lebensmitteln

Allein aus dieser Erkenntnis heraus wäre es beispielsweise eine der ersten Aufgaben für eine ökosoziale Marktwirtschaft, den Unfug der weltweiten Transporte von Nahrungsmitteln zum ausschließlichen Zweck der Gewinnmaximierung zu verhindern. Dass wir aus Europa in subventionierter Massentierhaltung erzeugtes, tiefgekühltes Geflügel nach Afrika exportieren und damit auch den Markt der heimischen Landwirte ruinieren, ist absurd und unmenschlich. Die Preise für Lebensmittel müssen nicht nur die ökologische, sondern auch die soziale Wirklichkeit wiedergeben. Damit würden sich zwar einerseits die Kaufpreise von Gütern einschließlich Umweltkosten und fairer Entlohnung ebenso erhöhen wie die Transportkosten. Andererseits wären aber dann regionale und saisonale, ökologisch erzeugte Produkte wesentlich günstiger. Damit wäre den Menschen ebenso geholfen wie der Umwelt.

Das ist nur ein Aspekt einer notwendigen künftigen ökosozialen Marktordnung. Denn manchmal sieht es so aus, als hätte das Wort Ökologie für viele heute ein eher harmloses, auch schickes „G'schmäckle" – man trägt eben gern ein „Ökomäntelchen." Ökologie muss in Zukunft aber auch für notwendige Einschränkungen in unserem Lebensstil stehen – damit wir alle überleben können. Das klingt in manchen Ohren vielleicht ein wenig übertrieben, ist es aber nicht, wenn wir uns die Probleme vor Augen halten, vor denen wir stehen. Mir selbst ist dies auch erst mit der Zeit bewusst geworden.

Die Länder der Dritten Welt haben das Recht auf faire Marktchancen

Damit ist die eingangs gestellte Frage beantwortet: „Ökosozial" statt „marktradikal" – so heißt für mich die Alternative. Wenn wir uns diese Alternative wirklich vor Augen halten und die Konsequenzen daraus bedenken, bleibt aus ethischer Sicht keine andere Wahl. Wir nehmen es gern an, wenn Waren, die in China, Vietnam, Indonesien oder auf den Philippinen zu Billigstlöhnen produziert werden, bei uns preisgünstig erworben werden können. Aber wir klagen dann über die Folgen, dass bei uns Arbeitsplätze verloren gehen.

Wenn wir wirklich den sozialen Ausgleich nicht nur bei uns, in den wohlhabenden Ländern, praktizieren wollen, müssen wir auch den armen Ländern der Dritten Welt die faire Chance geben, sich zu entwickeln, nicht nur als Billiglohnländer für die Profite weniger herzuhalten. Das jetzt noch vorherrschende marktradikale Modell schafft Ungerechtigkeiten, die bald als soziale Konflikte auf uns zukommen können. Wir müssen nicht eigentlich fair sein, um das zu verhindern; es würde schon reichen, wenn wir einfach klug wären. Im Übrigen wäre auch eine andere Form der Radikalisierung, eine Art Ökodiktatur, keine Lösung unserer Probleme: Sie würde andere soziale Konflikte schaffen, die weltweite Armut nicht bekämpfen, sondern verschärfen.

Benedikt von Nursia nannte die Fähigkeit, in allen Dingen das rechte Maß zu finden, die rechte Unterscheidungsgabe, die „Discretio", die Mutter aller Tugenden. Dieser Pfad könnte auch in einer weltweit denkbaren Form der ökosozialen Marktwirtschaft zum Ziel führen.

Der persönliche Ansatz: Einfacher leben – Ballast abwerfen

Das Buch „Simplify your life" („Einfacher leben") des evangelischen Pfarrers Tiki Küstenmacher war und ist ein Bestseller*. Spirituelle Impulse zu diesem Thema finden sich auch bei Anselm Grün, „Einfach leben: Das große Buch der Spiritualität und Lebenskunst"**. Der Erfolg dieser Bücher ist nicht verwunderlich, denn sie treffen den Nerv unserer Zeit: Alles wird immer noch komplizierter, komplexer, die Bürokratie hat sich längst nach ihren eigenen Gesetzen, den sogenannten „Parkinsonschen Gesetzen", verselbständigt, und auch die Computer, die unser Leben ja unterstützen, leichter machen sollen, bereiten uns statt dessen vielerlei andere, zeitraubende Probleme.

Kein Wunder also, dass wir uns wieder nach einem einfacheren, ent-komplizierten Leben sehnen. Wir wünschen uns nichts mehr, als unseren Kopf wieder freizubekommen, uns wieder zu ent-schleunigen, zu ent-rümpeln. Wir träumen von der scheinbaren Gelassenheit unserer Kindheit und Jugend und wir wollen, dass wir alles wieder in den Griff bekommen, alles wieder leichter überschaubar ist. Eine trügerische, romantische Hoffnung, eine Illusion sogar? Wir suchen nach Wegen, von unserer Fremdbestimmtheit wieder zu unserem Inneren, zu unserer Mitte zu kommen. Wir wollen wieder Freiheit atmen.

Die Gefahr ist vielfach tatsächlich groß, dass wir uns in der Falle, unser Leben zu überregulieren, so verfangen, dass wir uns nicht mehr davon freimachen können. Es ist

---
* Siehe Quellen, 18
** Siehe Quellen, 19

eine Falle, die wir uns selbst gestellt haben, und die uns letztlich den Weg verstellt, unser Lebensziel zu finden. Ist es überhaupt möglich, das Rad wieder in die richtige Richtung zu drehen?

Einfach leben heißt einfache Abläufe gestalten

Stellen wir uns unser Leben als ein Haus vor, mit sieben Zimmern. Im ersten wohnen wir, im zweiten arbeiten wir, im dritten kochen, im vierten essen wir, im fünften sorgen wir für unsere Körperpflege, im sechsten bevorraten wir unseren Alltag, und im siebten ruhen wir uns davon aus. Eine klare Aufteilung des Tages und seiner routinemäßigen Verrichtungen. Und doch schon recht kompliziert. So richten wir uns in Schubladen ein, scheinbar wohlgeordnet, aber nicht vernetzt. Denn unser Leben ist vernetzt, in allem, was wir tun, und mit unserer Umgebung. Es sollte also alles eher darauf ausgerichtet sein, diese vernetzten Abläufe möglichst einfach und reibungslos zu gestalten.

In unseren Klöstern lebte man seit jeher, von der Barockzeit abgesehen, nach den Regeln der Einfachheit. Wir wohnen in einfachen Zimmern, sogenannten „Zellen", von ca. 30 Quadratmetern, und wir versuchen auch, jeder auf seine Weise, unser Leben in diesem Raum so zu organisieren, dass wir uns darin auch möglichst wohl fühlen: Schreibtisch, Bett mit Nachttisch, Schrank und einem Bücherregal. In vielen Klöstern haben die Mönche nicht einmal eine Nasszelle auf dem Zimmer. Bei mir in San Anselmo in Rom ist das Schlafzimmer vom Wohnraum getrennt, den ich allerdings als Büro nutze. Er ist damit quasi die kleine „Konzernzentrale" der Benediktiner weltweit, wie ein Journalist bei einem Besuch scherzhaft anmerkte.

Dieser Lebensraum muss tatsächlich reichen, gleich, welchen Hobbies ein Mitbruder nachgeht und wie groß seine private Bibliothek ist. Und die kann sehr klein sein. Ich habe immer unseren verstorbenen Schulleiter von St. Ottilien bewundert. Er hatte auf seinem Zimmer nur diejenigen Bücher, die er gerade für seinen Unterricht brauchte, und die hatte er sich aus der Klosterbibliothek ausgeliehen. Natürlich steht nicht jedem eine Bibliothek sozusagen griffbereit zur Verfügung. Aber denken wir einmal daran, mit wie viel Lebensraum alte Menschen in Heimen auskommen müssen: Auch sie müssen sich in den letzten Lebensjahren mit den wirklich notwendigen Dingen bescheiden. Auch darauf müssen wir uns vorbereiten.

Zu einem nachhaltigen Leben gehört eben ein weiterer, entscheidender Gesichtspunkt: loslassenkönnen, verzichtenkönnen. Jeder von uns weiß, dass er von seinen irdischen, mit harter Arbeit erworbenen Dingen nichts mitnehmen kann, wenn er diese Welt verlässt. Das Totenhemd hat keine Taschen. Jesus erinnert uns immer wieder recht eindringlich an diese Tatsache, so wie im Beispiel vom reichen Kornbauern:

„Auf den Feldern eines reichen Mannes stand eine gute Ernte. Da überlegte er hin und her: Was soll ich tun? Ich weiß nicht, wo ich meine Ernte unterbringen soll. Schließlich sagte er: So will ich es machen: Ich werde meine Scheunen abreißen und größere bauen; dort werde ich mein ganzes Getreide und meine Vorräte unterbringen. Dann kann ich zu mir selber sagen: Nun hast du einen großen Vorrat, der für viele Jahre reicht. Ruh dich aus, iss und trink, und freu dich des Lebens! Da sprach Gott zu ihm: du Narr! Noch in dieser Nacht wird man dein Leben

von dir zurückfordern. Wem wird dann all das gehören, was du angehäuft hast?" (Lk 12,16–20)

Auf diese höhere Lebenskunst des Über-den-Tag-hinaus-Lebens weist uns auch Hermann Hesse in seinem Stufengedicht hin:

*„Es muss das Herz bei jedem Lebensrufe
Bereit zum Abschied sein und Neubeginne.
Um sich in Tapferkeit und ohne Trauern
In andre, neue Bindungen zu geben.
Und jedem Anfang wohnt ein Zauber inne,
der uns beschützt, und der uns hilft zu leben.
Wir sollen heiter Raum um Raum durchschreiten,
an keinem wie an einer Heimat hängen."*

Einfacher leben, manche sagen auch: reduziert leben, scheint tatsächlich ein moderner Trend zu sein, ebenso wie schlankwerden, abnehmen, abspecken. Das hat weniger mit den alten, vielzitierten Zyklen in der Menschheitsgeschichte zu tun, wie z. B. dem von den sieben fetten und den sieben mageren Jahren. Vielmehr ist es der Befreiungsgedanke, der uns unruhig werden lässt.

Es geht um unsere Entfaltung, unsere Freiheit

Wir fühlen uns nicht mehr wohl in all den über Jahre angehäuften Dingen, die längst überflüssig geworden und von anderen, zur Zeit wichtigeren Dingen abgelöst worden sind. Sie sind uns Ballast geworden, den wir abwerfen wollen. Kaum ein anderes Gewerbe blüht bei uns so wie das Entsorgungs-/Entrümpelungsgewerbe. Und die Flohmärkte, auf denen wir dann den Krempel wiederfinden, den eine satte Wohlstandsgesellschaft zu schicken „Second-hand"-Artikeln erklärt.

Für die, die im Laufe ihres Lebens zu viel Ramsch angesammelt haben, gibt es inzwischen Spezialisten, Organisationen, die beim Ausmisten helfen. „Clear of Clutter" („Klar Schiff") heißen sie beispielsweise, und sie gehen ziemlich rigoros vor, wenn sie engagiert werden. Die Exilmünchnerin Birgit Medele, die eine solche Organisation in London leitet, sagt über diese Form der „Befreiungs-Inventur": „15 000 Dinge besitzt jeder Mensch im Durchschnitt, die meisten bleiben für immer unbenutzt, nachdem sie einmal angeschafft wurden." Sie behauptet: „Der Mensch kommt mit 200 Dingen ganz gut aus. Wer ab und zu mehr braucht, kann sich das auch ausleihen."

Es geht auch gar nicht mehr darum, unseren Arbeitsraum, unsere Wohnung wieder aufzuräumen und wieder richtig bewohnbar zu machen. Es geht um uns selbst, um unsere Entfaltung, letztlich um unsere Freiheit. Viele Menschen glauben, sie brächten es nicht übers Herz, sich von wertvollen Dingen ihres alten Lebens zu lösen. Wenige Wochen später berichten sie dann, dass es ihnen besser geht als zuvor, dass sie sich befreit fühlen, wieder frei durchatmen. Eigentlich dachten sie gar nicht mehr an den vorher scheinbar so schweren Verlust.

Es geht in der Tat um die Selbsterneuerung des Menschen. Darum, dass wir frei werden und unserem Lebensziel und -zweck wieder näherkommen. Und der liegt nicht in den materiellen Dingen, sondern in der Liebe zu unseren Mitmenschen. Entdecken wir uns also neu, in dem wir das Verschüttete in uns wieder freischaufeln. Auch das ist nachhaltiges Leben.

Der spirituelle Ansatz: Wir werden lernen müssen, zu teilen

In der Schöpfungsgeschichte der Bibel (Gen 1,28) lesen wir: *„So sprach Gott zu Adam und Eva: Seid fruchtbar und mehret euch, bevölkert die Erde und unterwerft sie euch"*. Dieser Satz aus dem Alten Testament wird der Kirche oft als Auslöser einer hemmungslosen Ausbeutung der Natur angekreidet. Stattdessen ist gemeint: „als Kulturland in Besitz nehmen, dienstbar oder urbar machen", nicht: „unterwerfen" im Sinne von „ausbeuten" der „unterjochen".

„Seid fruchtbar und mehret euch" bezieht sich auf das ganze menschliche und gesellschaftliche Wachstum. Niemand kann die Zukunft vorhersehen. Auch Zukunftsforscher arbeiten mit begrenzten Denkmodellen und Instrumentarien. Dasselbe gilt für die Schicksalsfragen der Menschheit. Zu viele Unwägbarkeiten prägen unser Leben und immer wieder müssen wir erkennen, dass wir eben nicht immer die Schmiede unseres Glückes sind, die Gestalter aller Dinge, sondern dass wir anderen Mächten ausgeliefert sind.

Diese demütig machende Erkenntnis gilt auch für die Demografie. Wir können zurückblicken in die Vergangenheit und stellen dabei erstaunt fest, dass die Bevölkerung der Erde sich innerhalb von nur zwei überschaubaren Generationen verdoppelt hat, von dreieinhalb auf sieben Milliarden Menschen. Dies muss jedoch nicht zwingend eine maßstäbliche Betrachtung für die Zukunft sein. Natürlich ist die Frage nach der Entwicklung der Weltbevölkerung in einer von uns überschaubaren Zeit – sagen wir diesem Jahrhundert – von wesentlicher Bedeutung für die kommenden Generationen, und zwar nicht nur in wissenschaftlicher und wirtschaftlicher, sondern auch in religiöser Hinsicht. Denn die Religionen werden enger zusammenleben und lernen müssen, im Dialog mit einander für eine gemeinsame Zukunft zu arbeiten.

Wir werden enger zusammenrücken, auch im interkulturellen Dialog

Was das Schicksal der Menschheit angeht, müssen sämtliche mathematischen Methoden letztlich an der Nichtbestimmbarkeit unbekannter Faktoren scheitern. Auch lässt sich die Vergangenheit nicht unbedingt in die Zukunft projizieren. Wichtig ist, dass wir die gesamte Entwicklung der Menschheit viel differenzierter analysieren und betrachten, nach Kulturen ebenso wie nach Regionen, nach Staatsformen wie Demokratie oder Diktatur ebenso wie nach gesellschaftlichen Gruppen. Wie immer wir die Entwicklung aber betrachten, wir tun gut daran, unsere abendländische oder gar deutsche Brille abzunehmen und eine globale Sichtweise einzunehmen, denn wir werden in jedem Fall enger zusammenrücken – und teilen lernen müssen.

Ein Blick auf die Entwicklung der Weltbevölkerung zeigt den größeren Rahmen. Während lange eine unendliche Bevölkerungsexplosion befürchtet wurde, geht die UNO heute davon aus, dass ab Mitte des Jahrhunderts bei dann neun Milliarden Menschen der Zenith erreicht ist, und dann, weil die Fruchtbarkeit der Frauen weltweit im Schnitt unter zwei Kinder fallen wird, die Weltbevölkerung ganz von selbst zu schrumpfen beginnen wird (Berlin-Institut für Bevölkerung und Entwicklung), aber auch hier gilt: Es ist eine von mehreren möglichen Annahmen – wir haben keine gesicherten Erkenntnisse. Auch wird angenommen, dass an diesem Wachstum die

Muslime weltweit mit derzeit 1,8 Prozent jährlich im Vergleich zum Durchschnitt mit derzeit 1,2 Prozent überproportional beteiligt sein werden (idea Spektrum)*. Auch das ist spekulativ. Einen größeren muslimischen Bevölkerungsdruck auf das Abendland – von innen und von außen – können wir wohl als Vorboten der sich abzeichnenden starken Bevölkerungsentwicklung spätestens bis zur Mitte unseres Jahrhunderts annehmen.

Selbst wenn kein Zuwachs mehr erfolgt, sollte es uns zu denken geben, dass heute laut eines UNO-Berichts 1,4 Milliarden Menschen in bitterster Armut leben. Solange wir diese Armut, die für so viele ein unsicheres, perspektivloses Leben ohne Menschenwürde bedeutet, nicht wirklich aus der Welt schaffen, werden wir auch keinen Frieden in der Welt haben: weder politisch noch religiös.

Nicht abwarten und Tee trinken, sondern den Glauben mit Überzeugung vertreten

Auch aus pastoraler Perspektive stellen sich angesichts dieser weltweiten Entwicklung entscheidende Herausforderungen, die wir offensiv, ohne Angst und ohne Scheu, werden annehmen müssen. Wir brauchen für diese Aufgaben Seelsorger, die von ihrer Ausbildung her auch die anderen Weltreligionen, vor allem aber den Islam, kennen und deshalb auch den aktiven Dialog annehmen können. Das verlangt auch, dass wir uns wieder zu unserem Glauben bekennen. Wir dürfen keinesfalls nur passiv bleiben, abwarten und Tee trinken, sondern müssen wissen, wo wir glaubensmäßig stehen. Der Islam wird noch eine bedeutendere Rolle einnehmen als heute.

---

* Siehe Quellen, 20

Jesus sagt zu seinen Jüngern, also auch zu uns: *„Ihr seid das Salz der Erde; wenn aber das Salz kraftlos geworden ist, womit soll es gesalzen werden? Es taugt zu nichts mehr, als hinausgeworfen und von den Menschen zertreten zu werden"* (Matthäus 5,13). Das heißt: wir müssen wieder auf die Menschen zugehen, ihnen zur Seite stehen.

Die anderen tun es auch und sind keineswegs schüchtern. Als ich bei Google den Suchbegriff „Islam" eingab, wurde mir als erster Link noch vor Wikipedia angeboten: „Was ist Islam? Über Islam lernen und konvertieren mit Direkthilfe per Chat."

Nagelproben für das friedliche Miteinander der Religionen und Lebensformen

Von der bevölkerungspolitischen Entwicklung hängt auch das friedliche Miteinander der Religionen ab. Der Islam ist eben keine eher philosophisch geprägte Lebensform wie der Buddhismus oder Hinduismus, noch sieht er den Koran mit den kritischen Augen eines christlichen Exegeten. Der Islam in seinen verschiedenen Richtungen bestimmt nicht nur den Glauben, sondern die ganze Lebenswelt der Muslime, also nicht nur den religiösen Glaubens- und Ethikkodex, sondern jegliche Handlung bis in ziviles Recht hinein. Deshalb sind ihrem Verständnis Christen nur Bürger zweiten Ranges, und das waren sie auch in Spanien, selbst wenn dort Frieden herrschte, weil die Christen ihren Tribut zahlten. Die Gleichberechtigung der Religionen ist ein Produkt des Rationalismus, der abendländischen Aufklärung.

Bei näherem Hinsehen stellt sich im Koran im Vergleich zum Neuen Testament ein anderes Gottesbild dar, eine unterschiedliche Ethik und die Ablehnung „menschengemachter" Gesetze. Der oberste Verfassungsrichter von Nordrhein-Westfalen, Michael Bertrams, sieht Teile des Islam als unvereinbar mit unseren Grundwerten an.

Damit müssen wir uns auseinandersetzen. Auch hier können wir die künftige Entwicklung des Islam nicht vorhersehen, nur aufmerksam verfolgen und stets zum Dialog bereit sein. Es steht zu hoffen, dass sich der Islam öffnen und in einer gewissen Weise reformieren kann, wie es die christlichen Kirchen im Lauf ihrer Geschichte getan haben. Für einen strengen Muslim mag das bereits eine häretische Erwartung sein, ein Abfall vom wahren Glauben, wenn nicht gar ein blasphemischer Gedanke. Jedenfalls gibt es nur den Weg des Dialogs, und zwar mit den verschiedenen Richtungen des Islam.

„Dialog" muss aber in weiterem Sinne verstanden werden. Als der Dialog der Buddhisten mit den Benediktinern begann, nicht auf der intellektuellen Ebene, sondern auf der des gemeinsamen Lebens, bezeichneten wir das als existenziellen Dialog. Wir lernten miteinander zu leben und uns gegenseitig zu entdecken, die Werte des anderen, das, was uns heilig ist. Ich muss deshalb nicht den Glauben des anderen annehmen, aber wir müssen lernen, miteinander zu leben und auf diesem Weg zur Achtung des anderen gelangen – und zur Wertschätzung des eigenen Glaubenslebens. Daher sprechen wir neuerdings von „interreligiöser Freundschaft".

Freiheit in Verantwortung als ethische Grundhaltung

Religionsforscher wie Professor Bernard Lewis* und Professor Egon Flaig* meinen, dass wir derzeit die dritte „Is-

---

* Siehe Quellen, 12, 13

lamisierungswelle" in der Geschichte erleben, nach der ersten (arabischen) von 632 bis etwa 750 und der zweiten (türkisch-osmanischen bzw. tartarischen) von etwa 1350 bis 1850, die insbesondere auch auf das traditionell christliche Abendland abzielt. Dabei spricht es durchaus für unsere Offenheit und Toleranz, dass bei uns politische und kirchliche Organisationen gleichermaßen dem Islam Religionsfreiheit gewähren, den Dialog suchen, während gleichzeitig Christen in schrumpfenden Gemeinden in den muslimischen Ländern benachteiligt, verfolgt, vertrieben und getötet werden. Hier wird der grundlegende Unterschied zwischen einer religiös-ethischen Grundhaltung sichtbar, welche die Freiheit des Einzelnen in Verantwortung gegenüber Gott und unseren Mitmenschen in den Mittelpunkt stellt, oder einer eher apodiktischen Lehre, die „Ungläubige" nur in einem rechtlich eingeschränkten Zustand duldet. Von der Ehrfurcht der Muslime vor Allah allerdings können die Christen nur lernen.

Wenn wir hier wieder den Grundgedanken und das Zukunftsszenario der Nachhaltigkeit in den Mittelpunkt stellen, können wir den großen Herausforderungen offen entgegensehen. Weil in den vergangenen 50 Jahren oder knapp zwei Generationen, in denen sich die Zahl der Menschen verdoppelt hat, die großen Probleme und Plagen der Menschheit erst deutlich sichtbar geworden sind. Ich nenne nur die dramatischen Umweltschäden, die ungelösten Energie- und Entsorgungsfragen und die ungezügelte Ausbeutung der Ressourcen. Weil wir diese Probleme und Plagen noch nicht in den Griff bekommen haben, stehen wir vor noch viel massiveren Umwelt-, Energie- und Entsorgungsproblemen in einer nahen Zukunft mit weltweit sieben, acht und neun Milliarden Menschen. Das wird nur gelingen, wenn die Nationen zur Zusammenarbeit bereit sind, und die Religionen gemeinsam für eine zukünftige Welt arbeiten, die für alle bewohnbar bleibt.

Die „Nach-uns-die-Sintflut-Mentalität" überwinden

Wenn wir ferner die im westlichen Kulturkreis weitverbreitete, egoistische „Nach-uns-die-Sintflut-Mentalität" überwunden haben und wieder zu einem verantwortungsvollen, nachhaltigen Lebensstil zurückgefunden haben, werden wir uns diesen Zukunftsfragen wirklich ernsthaft stellen können. Das heißt auch: glaubwürdig und vorbildhaft, denn die weltweite Verbreitung unserer konsumorientierten Lebensweise kann die Zukunft der Menschheit nicht sein.

Meister Eckart, der große Prediger, Mystiker und Philosoph, hat gesagt: *„Es liegt in der Natur des Menschen, zu teilen. Denn nur so erhält er etwas zurück."*

Zufriedensein macht glücklich

Um noch einmal Wilhelm Busch zu zitieren: *„Ach! die größte Freud, / Ist doch die Zufriedenheit"*, lässt er den Lehrer Lämpel sagen, alldieweil der sich seine Pfeife anzündet.

Wie die Geschichte dann weitergeht, ist bekannt: Die bösen Buben Max und Moritz haben im vierten Streich seine Pfeife mit Schwarzpulver „geladen" und dieselbe explodiert mit Rrrrummmms zum Schaden des armen Lehrers ... ein abruptes, schlimmes Ende der erhofften Zufriedenheit zu abendlicher Stunde.

Wenn wir Menschen fragen, was sie sich wirklich, aus tiefer Seele wünschen, dann hören wir meist gleich nach dem Urwunsch der Gesundheit, der Überwindung aller Krankheiten, den Wunsch nach Zufriedenheit anstelle krankmachender Gier. Dazu gehört dann manchmal auch ein tiefer Seufzer, denn Zufriedenheit bedeutet für uns stets auch ein Gefühl der Freiheit, des Losgelöst-Seins von den vielen materiellen oder emotionalen Abhängigkeiten, in denen wir uns gefangen fühlen.

Als Hans-Jochen Vogel, der frühere Münchener Oberbürgermeister und SPD-Vorsitzende, in einem Gespräch zu seinem 85. Geburtstag gefragt wurde, welche persönlichen Erfahrungen er gern weitergeben würde, antwortete er:

„Wir brauchen mehr Zufriedenheit in unserem Land: nicht als Polster zum Ausruhen, sondern um aus einem Klima der Verdrießlichkeit herauszukommen und wieder Zuversicht zu schöpfen."

Denn Zufriedenheit hat nichts, gar nichts, mit Saturiertheit zu tun, damit, sich satt zurückzulehnen und zu sagen: geschafft, das war's! – Wir freuen uns zu Recht, wenn wir eine Prüfung bestanden haben, wenn uns eine Arbeit gelungen ist, wenn wir im Sport erfolgreich waren. Aber das sollte uns nicht selbstzufrieden machen, als gäbe es kein Morgen.

Zufriedenheit heißt nicht Bedürfnislosigkeit

Zufriedenheit ist etwas anderes als pure Bedürfnislosigkeit, und ich kenne durchaus Menschen, die keine großen Bedürfnisse haben und gleichwohl keineswegs im Zustand der Zufriedenheit ruhen. Bedürfnislosigkeit ist zwar ein mönchisches Ideal, aber auch den Anforderungen der Zeit unterworfen. So ist die Bedürfnislosigkeit des Mittelalters nicht in das 21. Jahrhundert zu übertragen. Auch Mönche kommen heute nicht ohne einen PC und Internet aus, technische Möglichkeiten, die ihnen helfen, die tägliche Arbeit und die kommunikativen Aufgaben im Kloster, im Orden oder in der Verwaltung zu bewältigen.

Benedikt machte aus der Bedürfnislosigkeit keine Ideologie, sondern ordnete sie pragmatisch in das Ideal des gemeinsamen Besitzes ein: *„Keiner habe etwas als Eigentum, überhaupt nichts, kein Buch, keine Schreibtafel, keinen Griffel – gar nichts ... Alles Notwendige aber dürfen sie vom Vater des Klosters erwarten ... Alles sei allen gemeinsam ... Man halte sich an das Wort der Schrift: ‚Jedem wurde so viel zugeteilt, wie er nötig hatte.' ... Wohl aber nehme man Rücksicht auf Schwächen. Wer weniger braucht, danke Gott und sei nicht traurig. Wer mehr braucht, werde demütig wegen seiner Schwäche und nicht überheblich wegen der ihm erwiesenen Barmherzigkeit."* (Regel Benedikts, Kap. 33 und 34.) Hier wird die Feinsinnigkeit des Mönchsvaters sichtbar, der nicht alle über einen Kamm schert, sondern die Einzelnen individuell behandelt.

Der Seelenzustand der Zufriedenheit ist untrennbar verbunden mit dem Gefühl der Dankbarkeit, des Innehaltens und Reflektierens. Aus dieser Haltung heraus ist es möglich, wieder neue Kraft zu schöpfen. Wer zufrieden ist hat den nachhaltigen Weg zum Glück gefunden. Es ist ein göttlicher Funke, der uns sagt: Du bist angekommen bei dem, der dich frei macht, frei von falschen Begierden und Zwängen. Jetzt kannst du wirklich leben. Jetzt bist du geborgen in dem, der uns die Talente schenkt, mit denen wir unser Leben gestalten können. Es geht nicht darum, nur vor sich hinzuleben. Zufrieden sein heißt, achtsam, mit offenem Herzen und mit klarem Blick durchs Leben gehen, hören und sehen, aufnehmen, was wirklich wichtig ist.

Zufriedene Menschen erkennen wir daran, dass sie in allen Situationen gelassen bleiben, dass sie in sich ruhen. Sie sind nicht Getriebene, sondern Gebende. Sie wissen, dass sie alles haben, was sie brauchen, um für sich und andere da zu sein. Sie brauchen eben nicht das neueste Smartphone und das Touchscreen-iPad, sie müssen sich nicht mit vordergründigen Aktionen profilieren.

Zufriedenheit kommt von *Frieden*. Das ist ihr tiefster Sinn. Wer zu-frieden ist, im Frieden ist mit sich selbst, seinen Nächsten und der Hoffnung, aus der wir Christen leben, der kann diesen Frieden mit voller Überzeugung wünschen und weitergeben. Aus diesem Frieden heraus erwächst uns wahres, nachhaltiges Glück.

Nachhaltigkeit als Lebenskunst

Wer nachhaltig leben will, blickt optimistisch in die Zukunft und richtet seine Lebensweise ganzheitlich darauf hin aus. Das fällt uns umso leichter, wenn wir Nachhaltigkeit als Lebenskunst verstehen. Zur Lebenskunst gehören wiederum unser privates, tägliches Leben mit all seinen Verrichtungen, wie auch unser soziales Leben mit all seinen Umgangsformen und Verhaltensweisen.

Nachhaltig zu leben ist erlernbar, und es gibt heute bereits in vielen Städten und Orten an verschiedenen Einrichtungen wie Volkshochschulen und Seminaren vielfältige Möglichkeiten, die Grundlagen nachhaltigen Lebens besser zu verstehen. Referiert und diskutiert werden dabei praktische, lebensnahe Themen wie Arbeit, Energie, Elemente, Lebensmittel und Wohnen, aber auch soziale Themen wie Generationen, Nachbarschaft, Zeit, Raum und Hören.

Gewiss lässt sich eine nachhaltige Lebensweise in den praktischen Bereichen des alltäglichen Lebens erlernen oder vertiefen. Aus Fortbildung und Seminaren lässt sich vor allem auch neue Motivation schöpfen. Die Grundlage wird aber stets die innere Einstellung zu einer nachhaltigen Lebensführung sein, vor allem die Verantwortung sich selbst, seiner Familie, den Mitarbeitern und letztlich der gegenwärtigen und künftigen Gesellschaft gegenüber. So kann auch aus einer durchaus pragmatischen Einstellung zu einer nachhaltigen Lebensweise eine ethische Grundhaltung wachsen. Das verstehe ich unter Nachhaltigkeit als Lebenskunst.

Wir haben uns in diesem Buch mit einer ganzen Fülle von Aspekten des nachhaltigen Lebens beschäftigt. Abschließend möchte ich noch einmal hervorheben:

Es geht bei nachhaltiger Lebensweise keineswegs um ein freudloses Dasein voller Entbehrungen und Verzicht oder gar um Armut. Es geht um ein gutes und zufriedenes Leben, um Lebensfreude aus dem Bewusstsein heraus, Verantwortung nicht nur egoistisch und kurzsichtig für sich selbst im Hier und Heute wahrzunehmen. Es geht um die Ermöglichung und Wahrung eines freien Lebens in einer Welt, in der es weiterhin Freude macht zu wohnen. Es ist ein gutes, zutiefst befriedigendes Gefühl, nachhaltig zu leben, über den Tag hinaus, in die Zukunft, für kommende Generationen. Nachhaltigkeit gelingt nicht den verbissenen Weltverbesserern, sondern denjenigen, die mit wachen Augen und Gelassenheit in die Zukunft gehen.

Quellennachweis

Wir danken allen Autoren, die uns Anregungen und Informationen für dieses Buch gegeben haben:

1 „Limits to Growth", auf Deutsch „Die Grenzen des Wachstums", die 1972 erschienene Studie gilt als eine der Ur-Studien zur nachhaltigen Entwicklung. Sie entstand auf Initiative von und mit Unterstützung des Club of Rome und wurde von der Stiftung Volkswagenwerk gefördert. Erstellt wurde sie von einem Team von 17 Wissenschaftlern am MIT Massachusetts Institute of Technology . Die vier Hauptautoren sind (waren) Dr. Donella H. Meadows (gestorben 2001), ihr Mann Dr. Dennis L. Meadows, Dr. Erich K. O. Zahn und Peter Milling. (Vorwort).

2 *Norbert Bolz*: „Blindflug mit Zuschauer", Fink-Verlag, München, 2009 (Vorwort).

3 *Stefan Kreutzberger*, „Die Essensvernichter", 2011 (Armut und Hunger, die Schande unserer Zeit).

4 *Martin Meier – Das war Armut (*Verlag Müller und Steinicke, München) (Armut und Hunger, die Schande unserer Zeit.).

5 IOM International Organisation for Migration (www.iom.int) (Sie sind unsere Schwestern und Brüder).

6 *Care international*, www.careinternational.org, (Sie sind unsere Schwestern und Brüder).

7 *Jonathan Safran Foer* „Tiere Essen", Verlag Kiepenheuer & Witsch, Köln (Essen wir unseren Planeten auf?).

8   National Geographic Society, www.nationalgeographic.com. (Vom schnellen zum nachhaltigen Konsum).

9   GlobeScan, www.globescan.com, Greendex 2010 Highlight Report (Vom schnellen zum nachhaltigen Konsum).

10 *Dr. Caryl E.Rusbult, (1952–2010) Understanding marriage, Cambridge University Press* (In den dauerhaftesten Beziehungen wachsen beide Partner).

11 *BISS – Bürger in sozialen Schwierigkeiten (Was wir unseren Kindern schuldig sind).*

12 *Bernard Lewis, (1916), Verfasser zahlreicher Bücher und Untersuchungen zur arabischen Welt, u. a. Die Araber, Deutscher Taschenbuch Verlag, München, 2002,* (Wir werden lernen müssen, zu teilen).

13 *Prof. Egon Flaig, Essay: Der Islam will die Welteroberung.* 15. September 2006, (Wir werden lernen müssen, zu teilen).

14 CARE International („Cooperative for Assistance and Relief Everywhere") www.care-international.org (Sie sind unsere Schwestern und Brüder).

15 *Ernst-Ulrich von Weizsäcker – Faktor 4, Faktor 5 (Verlag Droemer Knaur, München)* (Formeln für Nachhaltigkeit).

16 *Francesco Cirillo – The Pomodoro Technique,* www.Francesco Cirillo.com (Ruhe statt Stress: Wie wir ein inneres Tempolimit finden).

17 Welt mit Zukunft – Überleben im 21. Jahrhundert.
    Franz Josef Radermacher & Bert Beyers, Murmann-Verlag, Hamburg (Wir werden lernen müssen, zu teilen, ökosozial oder marktradikal – Wege in die Zukunft).

18 *Werner Tiki Küstenmacher – Simplify your life* (Organda Verlag für persönliche Weiterentwicklung, Bonn) (Einfacher leben – Ballast abwerfen).

19 Anselm Grün, Einfach leben: Das große Buch der Spiritualität und Lebenskunst. Verlag Herder, Freiburg (Wege in eine nachhaltige Zukunft).

20 Idea Spektrum, Nachtrichten und Meinungen aus der evangelischen Welt, www.ideaSpektrum.de, (Wir werden lernen müssen, zu teilen).
21 Dank gilt auch den Archiven des SPIEGEL, der Süddeutschen Zeitung, der ZEIT, The New York Times, sowie der Abendzeitung München und Frau Barbara Becherer, Finning (Bildungsreform) für ihre freundliche Unterstützung.

In unserer Freiheit liegt der Schlüssel

**Abtprimas Notker Wolf
Das kleine Buch der wahren Freiheit**
160 Seiten | Gebunden
mit Schutzumschlag
ISBN 978-3-451-31070-6

**Abtprimas Notker Wolf
Die sieben Säulen des Glücks**
Tugenden zum Leben
200 Seiten | Gebunden
mit Schutzumschlag
ISBN 978-3-451-30369-2

In jeder Buchhandlung

HERDER
Lesen ist Leben

www.herder.de